어둠도 빛이더라
또 다른 이야기

시각장애인들의 나를 치유하는 글쓰기

어둠도 빛이더라

또 다른 이야기

아들북

| 발간사 |

희망의 꽃으로 거듭 피어나기를

대전여성시각장애인연합회 **박명숙**

　제가 대전 시각장애인 여성연합회의 대표라는 이름을 가진 지가 벌써 3년이 되어가고 있네요. 이 이름을 처음 가졌을 때 사람들이 여기서 대표님 저기서 회장님이라고 불렀을 때 거북스러워 대답해야 하는지 말아야 하는지 많이 망설여졌습니다.

　언제까지 주어진 이름을 피할 수만은 없었습니다. 저는 며칠간 고민하고 또 고민했습니다. 그리고 다짐했습니다. 나한테 거북한 옷이지만 어차피 계속 들어야 할 호칭이지 않겠느냐. 그래 이름이라 생각하자. 하지만 그래도 쉽지는 않았습니다. 대표님 하면 나도 모르게 당황스러웠고. 그럴 때마다, 아! 이건 이름이지라고 생각하며 대답을 하곤 했습니다.

　어느덧 3년이라는 세월이 흘러갔네요. 우리 여성회의 교육 과목 중에 보이지 않는 우리를 대상으로 하는 '엉뚱한' 교육프로그램이 있습니다. '나도 작가다' 입니다. 이 강좌는 코로나 시절에 만들어졌는데 저도 회원으로 참여했습니다. 이 수업에 들어가서 강의를 듣다 보면 나도 뭔가를 써보고 싶다는 생각은 간절합니다. 하지만 글 쓴다는 것이 보이지 않는 우리로서는 그렇게 쉽지 않았기에 마음대로 되지 않습니다. 그러나 강사께서 이런저런 말을 해줄 때면 머릿속으로 다짐을 해보았습니다. 아! 오늘은 쓰고 싶은 글을 한번 써봐야지, 라고요. 하지만 그것도 생각뿐 실천은 쉽지 않았지요.

 수업에 들어가면 회원들한테 한 주간 잘 지냈는지 물으면 우리는 한 주간에 있었던 일을 얘기하곤 했지요. 다들 돌아가면서 말했고 저도 기억을 더듬어 가끔 이야기하며 글감을 찾았습니다. 그때는 코로나가 세상을 가두어 저도 집에서 TV만 볼 때였어요. 〈전원일기〉라는 농촌 드라마에 거기서 왕따 당하는 아이를 보고 우리 딸의 지난 일이 생각나서 글을 써보았습니다. 그런데 이게 웬일입니까! 책으로 출판된 제 글이 엄청 멋있고 그럴싸하게 나온 것이 아니겠어요! 책에 실린 제 글을 보고 용기를 얻어서 내 속에 있는 이야기를 마음껏 글로 표현해봐야겠다는 마음을 가졌습니다. 하지만 여성회의 바쁜 일정이라는 이유 같지 않은 핑계로 역시 실천은 쉽지 않았습니다. 글이라는 것은 어떤 계기가 있어야 써진다는 것을 다시 한번 절감했습니다.

'나도 작가다' 프로그램을 통해 여성회의 글이 또 한 권의 책으로 엮어지게 되었습니다. 창립 기념일에 맞추어 두 번째 책의 출판 기념회를 열게 된다는 소식을 들었을 때, 반가움보다 먼저 "이번엔, 또 어떤 글을 써야 할까" 하는 한숨이 나왔습니다. 그래도 마음 한켠에서는 가을 이야기를 써볼까, 아니면 아이들에게 엄마의 마음을 전하는 편지로 풀어볼까 하며 여러 생각이 스쳤습니다. 결국 이렇게 인사말로 마음을 전하게 되었습니다.

시각장애인이 글을 쓴다는 일은 결코 쉽지 않습니다. 그래서 시각장애인들의 글을 모은 책은 더욱 귀하고, 흔치 않습니다. 그런 점에서 여성회가 두 번째 출판을 이루어낸 것은 참으로 뜻깊은 일입니다. 그동안 함께 애써주신 회원 여러분께 깊은 감사를 드립니다. 여러분의 진심어린 글들이 널리 읽혀, 세상의 시선이 조금 더 따뜻하게 변하길 소망합니다.

『어둠도 빛이더라, 또 다른 이야기』의 출판을 진심으로 축하드립니다. 몇 해 동안 한결같은 열정과 인내로 프로그램을 이끌어 주신 '나도 작가다' 강사님께도 깊은 고마움을 전합니다. 만약 다른 분이었다면 이렇게 오래, 묵묵히 이어올 수 있었을까 하는 생각이 듭니다. 끝까지 함께해 주셔서 고맙습니다.

해마다 성장해가는 여성회의 모습이 자랑스럽습니다. 이 책에 담긴 우리의 이야기가 누군가의 마음 밭에서 희망의 꽃으로 피어나기를 진심으로 기원합니다. 감사합니다.

| 앞에 올리는 글 |

정　미

"이야! 얼마 만에 찾아온 따스한 햇빛이야! 복지관 마당을 해가 다 덮어버렸네! 이제 겨울 다 지나고 완연한 봄인가 봐!"
"어? 여성회 회장님 안녕!"
"네! 언니 어디 갔다 오는 거야?"
"응 점자도서관 시 창작 프로그램. 남들이 시인이라 불리는 게 부러워 나도 한 줄 써보려고 했더니 어렵네. 나는 시인이 될 수 없나 봐."
"회장님은 무슨 프로그램 갔다 와요?"
"나는 '나도 작가다' 수업하고 오는 길이에요."
"그런 프로그램이 있어요?"
"언니, '나도 작가다!' 프로그램에 한 명이 부족한데 들어와요. 수필을 쓸 수 있게 잘 이끌어줘! 한 주 동안 무슨 일이 있었는지 얘기하면 선생님이 듣다가 글로 한번 써보시지요, 하고 권해요. "정말 이런 것이 글이 되나요 하고 물으면, 네! 그런 것을 쓰면 됩니다, 그렇게 해서 모두 수필 몇 편씩 써냈어요."
"그래? 수업은 언제 하는 거야?" "금요일이에요"

"그럼, 다음 금요일에 가도 되는 거야?"
"응, 언니 오세요"

첫 수업이 있는 날 교실에 갔더니 회원들이 9~10명쯤 앉아 있는데 나보다 나이가 적은 분, 나이가 많은 분도 있었다. 모두 "정미가 왔다!"라고 환영해 주었다.

선생님이 나에게 자신의 소개를 하란다

"초등학교 때부터 친구들이 글짓기를 해오고 짧은 시를 지어 상 받는 것을 보고 부러워서 독후감 반에 들어갔었지요. 시골이라 동화책이나 소설책이 귀해 읽을 수 없었고 당연히 독후감을 쓸 수가 없었어요. 그것이 내내 마음 한 구석에 씨앗으로 심어져 하세월을 보냈지요. 눈이 어두워지면서 마음은 더 황폐해져 황무지로 돌아가는 것 같았어요, 그러던 중 복지관에 시각장애인을 위한 다양한 프로그램들이 있다는 걸 알았습니다. 가슴 깊이 묻어두었던 씨앗에서 싹을 틔워 꽃도 피우고 열매까지 맺어보려고 여러 프로그램에 들어가 동분서주했지만 허전하기만 했습니다. 내 마음밭에는 씨앗이 싹트기 어려운 걸까? 낭만적인 꿈도 꿀 수 없나? 실망만 늘어났습니다. 그 끝에 어느 따뜻한 봄날이었습니다. 복지관 마당에서 여성회 회장님을 만나 이야기를 나누는 중에, 눈은 어둡고 배움은 짧은데 어떻게 수필을 쓸 수 있겠냐? 고 물었더니 처음 입문자라도 선생님이 글 쓰는 법을 차근차근 알려주는데 모두가 5편 이상 수필을 내면 책을 만든다고 해서 오게 되었습니다.

제 마음 황무지는 지금 가시와 돌멩이로 가득합니다. 푸른 잔디와 예쁜 접시꽃이 풍성하게 자라는 정원으로 가꾸고 싶습니다. 선생님, 저도 작가가 될 수 있나요?"

"그럼요! 충분히 작가가 될 수 있지요!"

매주 금요일마다 참석하여 회원들은 일주일간 겪었던 일들을 나누는데 한 회원은 미장원에서 기다리는 동안 할머니들의 수다를 들으면서 옛날 친정엄마가 떠올라 글을 썼고, 어떤 회원은 눈이 어두운데 바리스타가 될 수 있을까? 했지만 결국 자격증을 따게 된 과정이 재미있어서 썼고, 둘 다 시각장애인 부부는 임신하니 주위에서 어떻게 애를 낳고 키울 거냐며 걱정들이었는데 이제는 자녀가 선생님이 되어 잘산다 등등 자신의 이야기를 글로 써낸 그들이 행복해 보였다.

'나도 작가다' 반을 어언 2~3년을 다니면서 나도 수필 20편을 낳았다. 눈이 어두운 다른 회원도 예닐곱 편을 썼다. 우리들의 잠재적 능력을 뿜어내며 쓴 수필이 퇴고 과정을 거쳐 『어둠도 빛이더라』는 책으로 엮어졌다. 우리는 얼마나 기뻤는지 모른다. 뿌듯한 감정이 밀물처럼 밀고 들어 왔다, 우리는 그렇게 쓴 책을 지인에게 주면서 스스로 자랑스러웠다. 대전시에서는 우리 수필집에서 한 편씩 고른 작품을 매주 시정 소식에 올리기도 했다.

'나도 작가다'라는 글쓰기 과정은 계속 이어졌다. 새로운 회원이 들어오고 앞서거니 뒤서거니 하면서 틈틈이 글들을 썼다. 삼 년의 시간이 지나니 글들이 제법 모여 수필집 제2권을 낼 수 있게 되었다. 돌이켜보니 6년이라는 세월이 흐른 거다. 그 중심에 내가 있고 우리 회원이 있음에 감사하다.

시각 장애가 있는 우리가 글을 쓴다고 하면 다들 의아해한다. 하지만 우리도 느낌과 감정, 생각이 일어나고 그것을 표현하고 싶다. 무엇보다 우리의 마음 깊은 곳에는 알게 모르게 가슴 아픈 상처가 있다. 그 아픔을 가리는 편견이라는 두꺼운 얼음을 깨고 싶었다.

물론 우리의 글쓰기 과정은 정말 쉽지 않다. 어떤 회원은 보이지 않는 눈으로 손편지로 써내고, 보이지 않는 눈으로 컴퓨터를 배워 한자씩 찍어내는 사람도 있고, 또 음성 녹음으로 내놓기도 한다. 그늘 속의 우리 이야기를 글로 풀어내니 아프고 힘들었던 기억들은 어느덧 수필 작품으로 탄생하여 어둠 속에 해 뜨는 날들로 돌아왔다.

이런 과정을 거치면서 우리는 대작가가 부럽지 않다. 소박한 텃밭을 가꾸는 농부의 소소한 기쁨이 서로의 가슴으로 스며든다. 우리는 한 고랑 한 고랑 일구어가며 마음속에 자리 잡은 잡초와 가시와 엉겅퀴를 뽑기도 하고 걷어내기도 한다. 그곳에 나팔꽃, 장미, 수선화, 참외와 딸기를 심어 사람들에게 과일 바구니도 주고, 꽃다발도 한 아름 안겨주고 싶다!

목차

발간사 박명숙 | 희망의 꽃으로 거듭 피어나기를   4
앞에 올리는 글 정미   7

1부 작가의 대표작품

시각장애 부부의 애환	정미	19
나에게도 희망이 생겼어요	홍순복	23
고맙소	최유순	26
날마다 코미디	길옥순	30
참외 두 개	김재심	33
천국, 편안하신가요	조남수	35
황반변성이 가져다준 행복	구복희	37
최명희 작가의 발자취를 찾아서	장은혜	42
내 안에 우뚝 선 시계탑	임채진	46
신육아일기	양경화	49
어쩌다 마주친 그대	박민성	53

목차

2부 내 삶에 들어온 은혜

엄마는 계모 나는 새엄마 ǀ 정미	59
어느 할아버지의 말씀이 귓전에서 뱅뱅 ǀ 홍순복	67
노랑풍선을 타고 ǀ 최유순	72
괴산 산막의 옛길 여행 ǀ 길옥순	75
5월의 여행 ǀ 김재심	77
용서 ǀ 조남수	79
내 삶에 깊이 개입해 주신 하나님의 은혜 ǀ 구복희	81
고마워 이빨아! ǀ 양경화	85
사랑받기 위해 태어난 사람 ǀ 정미	88
커피 수업이 끝났다구요 ǀ 홍순복	93
중독은 무서운 거야! ǀ 최유순	96
뜬봉샘에 가다 ǀ 길옥순	98
인생의 때 ǀ 조남수	101

3부 달이 낳은 별들

달이 낳은 별들 | 정미　　　　　　　　　　　107

남동생을 보내고 나서 | 홍순복　　　　　　　110

내 뜨락에 드리운 보물 | 최유순　　　　　　114

신동엽 문학관을 다녀왔어요 | 구복희　　　116

내변산을 찾아서 | 장은혜　　　　　　　　　119

살구 | 김재심　　　　　　　　　　　　　　124

봉사활동 | 길옥순　　　　　　　　　　　　127

나를 어렵게 하는 사람들 | 정미　　　　　　130

관여하지 말고 부탁을 하자 | 홍순복　　　　133

꽃구경 가는 날 | 길옥순　　　　　　　　　137

가을엽서 | 최유순　　　　　　　　　　　　140

대한민국 지도 | 김재심　　　　　　　　　　142

노년의 길 | 조남수　　　　　　　　　　　　143

목차

4부 그리움

아버지! 그리움은 눈물인가요! | 구복희	147
떫은 감 | 정미	150
외할머니와 손녀 딸의 하루 | 홍순복	153
봄날은 간다 | 최유순	156
분필 가루 | 길옥순	158
커피와 우유 | 김재심	161
어버이는 항상 내 곁에 | 구복희	163
삶이란 | 조남수	166
시각장애인 한궁 경기 | 정미	168
나에게 일이 있을 때 행복을 느끼며 | 홍순복	173
겨울이 지나가다 | 임채진	176

5부 마음으로 보는 세상

마음으로 보는 세상 | 홍순복	187
행복한 가정식탁 | 정미	189
방학 | 길옥순	193
추억 한 줄 | 김재심	196
별꽃 | 조남수	198
세월 | 조남수	199
뜨거운 여름 | 정미	201
고맙습니다 | 추석 | 나그네와 길모퉁이 | 내리는 비 | 당신은 나의 거울 | 비 | 홍순복	204
9월의 꽃집 | 조남수	210
문풍지의 노래 | 양경화	212
참 아름다운 여름날의 추억 | 홍순복	214
마지막 계단에서 | 길옥순	218
흰 수(數)팡이 | 박민성	222
에필로그 어둠으로 빛을 쓰다 | 김태열 수필가	227

시각장애인들의
나를 치유하는 글쓰기

1부

작가의 대표작품

시각장애 부부의 애환

정 미

"앗! 뜨거워! 아니, 사람이 옆에 있는데 어떻게 그렇게 해! 아휴, 진짜 미치겠네. 냄비가 내 팔에 닿아서 데었잖아."

"내가 지금 달걀을 삶은 냄비를 찬물에 담그려고 하는데 당신이 여기 와서 팔을 데냐?"

"아니 그게 아니라 뜨거운 냄비를 싱크대로 가져오면 말을 해야지. 당신도 안 보이고 나도 안 보이잖아? 말을 하고서 싱크대로 와야지."

"빨리빨리 흐르는 찬물에 씻어", "그게 다야? 미안하다고 얘기를 해야지"

"미안하지만 나는 당연히 당신이 식탁에 있길래 싱크대에 없는 줄 알고 그냥 달걀 삶은 것 식히려고 싱크대로 간 거지."

"나는 밥 다 먹고 빈 그릇을 싱크대에 담그려고 가는 중이었잖아?"

"그러면 당신이 먼저 얘기를 했어야지, 나 싱크대 간다고 말이야."

"아니 뜨거운 것을 갖고 오는 사람이 말을 해야지, 내가 빈 그릇을 갖다 놓으려는 것까지 일일이 얘기해야 해?"

우리 부부는 안 보이다 보니 이렇게 하루에도 몇 번씩 부딪히는 일이 자주 일어난다. 어느 날은 밥을 먹고 찌꺼기가 남아서 화장실 변기에 버리려고 들어가려고 했다. 남편이 화장실에 있길래 신발 좀 달라고 했더니 남편이 신발을 벗어주면서 내 쪽으로 확! 들어와 버리는 바람에 부딪혔다. 그 바람에 들고 있던 음식 찌꺼기를 남편 몸에 부어버린 꼴이 되었고 내 옷도 젖었다.

남편은 "이게 뭐야? 씨!" 하면서 욕까지 한다. 나는 어이가 없었다. 서로 안 보이는 상태에서 일어난 일이었지만 내가 욕까지 먹을 일은 아니지 않은가!

나는 당신이 신발을 주고 세면대에서 씻을 줄 알았지, 갑자기 밖으로 나올 줄 몰랐지. 내가 죄송하다고 거듭 사과를 하는데도 남편은 미치겠다고 하면서 짜증을 낸다.

캄캄한 세상이니 사는 게 참 어렵다.

예전에 눈이 보이는 남자와 살 때는 나의 안 보이는 힘든 부분과 어려움을 몰라주었다. 그 후 눈이 안 보이는 사람과 산다면 동병상련이라, 나의 아픈 부분도 서로 보완될 줄 알았다. 서로 부딪치며 생기는 에피소드를 도란도란 얘기하면서 위로가 될 줄 알았다.

그런데 그는 부딪힐 때마다 화내고 짜증 내며, 사는 게 사는 것이 아니라면서 같이 사는 것이 전쟁이라고 한다. 그러면서 "6.25 전쟁은 아무것도 아니라고, 끝이 없네" 하면서 한숨을 내 쉬곤 한다.

둘 다 보이지 않아 일어난 문제인데도 여자인 나만 죄인이 된다. 남편이 외출 시 옷 입을 때 단추가 떨어져 있으면 즉시 달아 줘야 하는데 그렇지 못한다. 어느 날은 세탁기에 빤 옷을 입혀 내보냈는데 집에 와 짜증을 낸다. 남들이 자기의 남방 가슴팍에 빨간 김치국물이 묻었다고 하더란다.

"아침에 입은 옷이고 식당에 가지 않았는데도 묻었어"라고 하니, "이 옷 빤 거야, 안 빤 거야?" 다그쳐 묻는다

처음에는 나도 짜증이 났다. 나도 한다고 최선을 다하는데, 그렇다고 활동지원사가 24시간 도와주는 것도 아니고, 참 곽곽하면서도 해결할 방법은 마땅찮다. 그렇듯 우리는 부딪힐 때마다 나만 일방적으로 당할 뿐이다. 남편은 모든 일을 내게만 책임 전가하며 화를 내곤 한다. 물론 가정생활은 아무래도 아내가 할 일이 더 많으니까 할 말이 없긴 하다.

그는 밖에서 뭐가 묻어도, 식탁 모서리에 박아도, 양말 짝짝이로 신어도 다 내 탓이다, 라고 한다. 아니 모든 게 내 탓이라 한다.

지금은 시대가 많이 바뀌지 않았는가?

남존여비! 오래된 문화다. 요즘은 대놓고 여자라는 이유로 무시하지는 않지만 시각장애 부부로 살다 보니 충돌이 일어나면 육십 대인 남편은 남성우월주의에 젖어 무조건 화부터 낸다.

나도 부딪혀서 아프고 화가 나지만 옛말에 결혼 후 벙어리 3년, 귀먹고 3년, 눈멀고 3년이라는 말이 내게도 뿌리 박혀 있어 참고 사는 것 같다.

그러나 한편, 생각하면 남편을 깔끔하게 내보내지도 못하는 것은 인정한다. 그래도 남편은 집에서 설거지를 도와주고, 내가 빨리빨리 준비가 안 되니 스스로 해 버린다. 화를 낼 때는 밉지만, 지나고 보니 남편의 급한 성격도 좋은 점이 있다.

냄비에 팔을 데고 난 후부터 남편이 달라진 것 같다. 어제는 남편이 밥

을 차려놓고 같이 먹자고 한다. 생선을 집었더니 살이 없다.

"앗! 따가워 뭐야, 뼈밖에 없잖아?"

"내가 다 먹었지 롱!"

둘이 한바탕 웃었다.

우리 부부는 본의 아니게 하고 싶은 일을 많이 절제하며 살아간다. 먹고 싶은 것이 있어도, 어디 구경을 가고 싶어도 둘만 갈 수 없으니 참아야 한다. 오롯이 둘만 있을 때가 많다. 둘이 앉아서 도란도란 이 얘기 저 얘기할 때는 한마음이 되어 서로 위안이 되기도 한다.

시각장애 부부로 사는 우리는 살면서 부딪히는 애환이 깊어도, 간혹 터지는 이 맛에, 이런 삶도 나의 삶으로 인정하고 살아가고 있는 것은 아닐지.

나에게도 희망이 생겼어요

홍 순 복

지난 주에 검사받았던 MRI 결과를 갖고 서울에서 진료받는 날이다. 서대전발 오전 7시 KTX 열차다. 아침 9시까지 채혈도 해야 한다. 대전이라 새벽부터 올라가야 하기에 긴장된다. 불안함과 설레는 마음으로 잠을 잔 듯 만 듯하다. 바쁘지만 도와줄 선생님과 함께 가니 마음은 편하다.

아침 일찍이라 장애인 콜택시가 잡히지 않았다. 할 수 없이 밖으로 나와 지나가는 택시를 잡았다. 시간에 맞춰야 하니 기사님께 공손하게 부탁을 한다. 역에 도착하여 예매해 놓은 기차표를 받고 열차에 올라 자리를 찾아 앉는다. 속으로 한숨을 푸욱~ 내쉰다. 눈을 살포시 감는다. 어느새 서울 도착 안내방송이 나온다. 용산역을 빠져나와 택시 정류장에 내려가니 20여 명이 택시를 기다린다. 정한 시간에 서울대 병원에 도착했다. 채혈 검사를 마친 후 진료 차례를 기다린다.

위쪽을 보니 내 이름이 떠있다고 알려준다. 교수님 방 앞 대기 중에 "홍순복님"하고 부르는 소리가 들린다. "네" 하고 간호사를 따라 들어가 의자에 허리를 바짝 붙여 앉는다. 의사 선생님이 병원에 오시느라 힘드시죠,

라고 묻는다. 서울에서 다닐 때는 이런 말씀이 없었는데 지방에서 올라오는 걸 알고 새벽부터 움직였다는 것을 알았는가 보다.

　진료받은 세월이 "벌써 8년째네요. 많이 좋아지셨네요."

　나는 귀가 번쩍 뜨였다.

　"작년에는 수술하려고 했는데 이번 검사 결과를 보니 수술하지 않아도 되네요. 이제부터는 MRI도 찍을 필요도 없고 호르몬 수치가 좋아 저도 기분이 좋네요. 2년 후에 만납시다. 그때는 호르몬 검사만 하면 됩니다. 그동안 수고하셨습니다."라고 말씀하시는 것이 아닌가.

　나는 그 말에 너무 감사해 큰절이라도 하고 싶은 심정이었다. 선생님 말씀의 여운을 느끼면서 지난 세월의 힘든 시간이 주마등처럼 스쳐 지나갔다. 진료를 마치고 나왔다. 간호사와 2년 후에 진료 일정을 잡았다.

　나에게도 희망의 시간이 찾아온 듯했다. 가벼운 발걸음으로 자유의 몸이 된 것처럼 택시를 탔다. 시간을 보니 거의 11시. 우리는 남는 시간을 이용하여 롯데백화점을 구경하고 점심을 먹기로 했다.

　백화점은 화려했다. 활동보조선생은 여긴 온통 명품 판이네, 라고 감탄한다. 식당으로 가니 코너마다 음식 종류가 다양하다. 자리를 잡았다.

　메뉴판을 보던 선생님이 "여긴 도대체 비싼 것 투성이라 고를 수가 없네"라고 말한다. 이것저것 메뉴를 불러주면서 "돌솥비빔밥은 소고기 부채살이 들어가고, 가격은 1인분에 19,000원, 그래도 이것이 제일 저렴하다"라고 한다. 번호표를 받아 잠시 기다리니 음식이 나왔다. 비싸서 그런지는 몰라도 역시 맛있다. 앞을 보니 엔젤레스 커피숍이다. 여기도 순서를 기다려야 한다.

주위를 보니 여자고객이 대부분이다. 기다리는 동안 선생님이 커피 가격표를 보더니 나를 일으키면서 너무 비싸다고 말한다. 기다리는 시간도 그렇고 비싼 커피는 마시지 말자는 이심전심 합의를 이룬다.

백화점을 나와 용산역으로 향한다. 용산역 근방에는 노숙자가 많다. 어느 노숙자분은 바닥에 앉아 믹스커피 두 봉지를 컵에 부어 흔들고 있다고 선생이 말해준다. 역에 도착한 우리는 시간에 맞추어 기차표를 예매하고서는 커피숍에 들어가 키오스크로 주문을 마치고 자리에 앉는다. 주문한 차가 나와 마시면서 오늘 하루를 돌이켜본다. 오늘 진료 결과는 참 만족스러웠다. 반면에 노숙자의 딱한 처지가 자꾸 생각이 난다. 빵이라도 사주고 올걸, 안타까운 마음이 자꾸만 올라온다.

나는 앞이 보이지 않아 혼자서는 병원에 갈 수 없다. 반드시 누군가와 함께 가야 한다. 그 노숙자분에 비하면 나는 차라리 다행이라고 해야 할까. 누군가의 작은 도움들이 있기에 세상은 그래도 살만한 곳인가 싶다. 노숙자들께도 도움의 손길이 비쳐 희망의 불빛이 켜지기를 기도해본다. 안도감과 안타까움 사이로 '희망'이란 단어가 내 품에 안긴 하루였다.

고맙소

최유순

    내가 걸어온 길은 장밋빛도 아니고 무지개 색깔도 아닌 장애인이라는 굴레를 안은 잿빛이었습니다. 그럼에도 매사에 최선을 다하는 성실함으로 살아오던 중 2016년 7월 갑자기 무릎 연골이 파열되어 수술과 치료라는 힘든 고통의 시간을 보냈습니다. 나의 인생을 이대로 허무하게 지낼 수 없다는 생각이 불현듯 뇌리를 스쳐 지나갔습니다.
    누구의 아내, 누구의 엄마가 아닌 "나"라는 존재를 찾고 싶었습니다. 그리하여 대전 맹학교에 이료재활 과정이 있다는 걸 알고 기뻤지요. 2016년 12월에 지원하여 2017년 3월 입학식을 시작으로 새로운 공부에 도전하게 되었습니다.
    불편한 몸으로 기숙사 생활까지 해가며 새로운 환경에 적응하니 나이 듦에 학교생활은 얼마나 재미있고 행복했던지요. 지금껏 살아오면서 느껴 보지 못한 희열을 맛보았고 중간고사, 기말고사 시험 기간에는 잠 못 이루며 학업에 열중하기도 하였습니다. 2년간의 학교생활은 빠르게 지나갔고 2019년 졸업과 동시에 안마사 자격증도 취득하게 되었습니다. 64세의 나이에 제2의 인생을 시작하는 전환점이 된 것이지요.

　내 삶에 있어 "첫 번째" 자격증이었기에 얼마나 가슴 벅차고 흐뭇했던지. 자격증을 품에 안고 며칠간 잠도 자기도 했습니다. 그 후 시각장애인 연합회 소속 장애인 일자리 사업 경로당 안마사로 입사하여 꿈에 그리던 직장인이라는 신분으로 출근하게 되었습니다. 코로나로 인해 잠시 어려운 시기가 있었으나 현재는 행복한 직장인으로 나날을 보내고 있습니다. 이런 경험이 밑천이었는지 자신감을 얻어 2021년 11월에 자투리 시간을 내어 "두 번째"로 커피 바리스타 2급 자격증도 취득하였습니다.

　인생의 어려운 시점은 누구나 찾아오겠지만, 어려움을 새롭게 도전하는 기회로 여겨 도전해본다면 더 넓은 새로운 세상이 펼쳐진다는 사실을 체험하게 된 계기였습니다.

　삶은 무한한 가능성으로 열려 있습니다. 목적이 이끄는 삶을 살다 보면 길이 열린다는 걸 알게 되었습니다. 내가 이 모든 과정을 이룬 데는 남편의 보이지 않은 공로가 있어서 가능했다고 봅니다. 매사에 내게 버팀목이 되어주고 아낌없이 지원해 주었습니다. 요즈음 부부들처럼 맞벌이로 가사를 분담하는 세대도 아니었기에 우리 세대 남편들은 집안일은 아무것도 모른 체 직장생활만 했었습니다. 그러한 남편을 나 몰라라 하고 맹학교 기숙사에 덜컥 들어가 버렸으니 남편은 적잖이 당황도 했을 것이고 매우 힘들었으리라 생각합니다. 하지만 남편은 아무렇지도 않은 듯 밥도 잘하고 빨래, 청소까지 완벽하게 잘해가며 살림을 잘 꾸려주어 저는 학업에만 전념할 수 있었습니다. 더욱 감사할 일은 내가 장애인이라 그 세계를 알아야 한다며 공무원 연금이 나오는데도 장애인 활동지원사 자격 교육을 받아 자격증을 취득한 것이지요. 그리고는 활동지원사가 되어, 지적장애 아동과 시각장애인 2명을 동시에 지원하는 '워킹맘' 역할까지 하고 있습니다. 지난날의 추억들을 꺼내 보니 참으로 고맙고, 감사한 마음이 듭니다. 그동안 묵묵히 마누라 뒷바라지하느라 힘들었을 테지요

 어느덧 시간이 흘러 청춘은 황혼으로 물들어가고 있을 즈음이었습니다. 2024년 3월 21일 새벽 1시 남편이 갑자기 심한 어지럼을 호소하고 쓰러지는 사건이 발생했습니다. 평소에 건강했고 먹는 약도 없어서 당황하다가 응급처치로 손가락을 사혈하고 온몸을 마사지하면서 119에 전화를 걸었습니다.
 건양대병원 응급실로 실려 간 남편은 검사(X-레이, CT, MRI등)결과 뇌출혈이 왔다는 진단이 나와 중환자실로 입원하게 되었습니다. 엎친 데 덮친 격으로 코로나 검사를 하였는데 양성 반응이 나와 음압 병동으로 격리 입원하게 되었습니다. 면회도 불가하여 집으로 돌아오는데 정말 하늘이 무너지는 상황이었습니다. 다니는 교회에 연락하여 '중복기도'도 부탁하고 치료와 후유증 대비를 위해 아는 지인들에게 문의도 했습니다. 지인들은 정신없이 허둥대 잘못하면 나도 같이 쓰러질 것 같다고 위로해주었습니다. 다행히 남편은 호전되어 중환자실에서 코로나 병실로 옮겨지고 간병인이 필요하다고 해서 저가 대신하기로 했습니다.
 일을 마치고 병원으로 달려가서 누워있는 남편을 보니 와락 눈물이 흘렀습니다. "여보 살아줘서 고마워요" 하며 손을 꼭 잡아 주었습니다. 3일

째 되는 날 남편은 호전되어 저는 집으로 오게 되었고 남편도 기적같이 5일 만에 퇴원하게 되었습니다.

　큰일을 겪으니 인생이 별거 아님을 느끼게 되었고 오히려 지금까지 건강했던 걸 감사하게 되었습니다. 앞으로의 삶도 더 건강을 잘 유지해가며 살리라 마음먹게 되었습니다. 어느 날 아침 운동 가려고 일어나보니 남편이 깨어있어 옆에 앉아 이야기를 들어보았습니다. 심신이 많이 약해진 남편은 "회복을 위해 잘 먹고 잘 자야 하는데 입맛도 없고, 잠도 잘 못자고 생각이 많아졌다고 합니다. 자식들 걱정, 특히 내가 없으면 마누라는 어떻게 사나? 장보기, 은행일 등은 누가 해주나!"하고 말하는 것이 아니겠어요.

　이 말을 듣는 순간 가슴이 저리고 코끝이 찡하면서 두 줄기 눈물이 볼을 타고 흘러내렸습니다. 46년을 같이 산 남편은 나이 들어 아프고 보니 이제야 마누라가 보인 다네요. 지금껏 나와 같이 해로해줘서 "고맙소"라는 남편의 말에 나도 정말 "고맙소"라고 답했습니다. 노년에 둘만 남은 시간 속에 우리의 행복지수를 높이는 방법은 '사랑'일 것입니다.

날마다 코미디

길옥순

  2월 새벽 함박눈이 펄펄 내리고 있다. 하지만 아침 하늘은 청명하다. 아침에 처음으로 선지국을 만들어 먹었다. 원래 이런 맛인지는 모르지만 먹을 만해서 통에 담아 친구 집으로 갔다.
  오전에 보문산 산책을 하고 함께 점심을 먹는 일정이다. 그런데 보문산에는 생각보다 눈이 많이 쌓여 있었다. 조심조심 걸음을 옮기니 발밑에서 뽀드득거리는데 이 정겨운 소리를 참으로 오랜만에 들었다. 그늘진 곳에는 지난번 내린 눈이 덜 녹아서 바닥에 얼음이 있었는지 가끔 발이 뒤로 가기도 하고 옆으로 가기도 했다. 그래도 함께 걸을 수 있는 친구들이 있다는 것이 고마워 서로 의지하며 걷다 보니 어느새 목적지에 도착했다.
  벤치에는 새벽에 내린 눈이 쌓여 있었다. 가지고 온 물 한 모금씩 마시고 아쉬운 발길을 돌렸다. 그런데 돌아오는 길에 눈도 눈부셨는지 벌써 눈물이 흐르고 있었다. 또 다른 곳에는 따스한 햇살이 눈을 다 훔쳐 갔는지 물기조차 없었다. 그래도 그늘진 곳에서는 미끄럼을 타면서 내려와야 하는데 중심 잡기가 여간 힘든 일이 아니었다.

우여곡절 끝에 친구 집에 도착하여 점심밥을 지어 선지국과 함께 먹었다. 다들 맛있다고 잘 먹었다. 그저 잘 먹어주는 친구들이 고마울 뿐이다. 커피를 마시며 이런저런 이야기를 나누었다. 아침부터 핸드폰을 집에 두고 온 친구는 자꾸 깜빡깜빡해서 큰일이라고 걱정을 한다. 듣고 있던 우리는 나이 들어 그 정도는 보통이라고 위로하고 그렇게 웃고 떠들다 보니 어느새 저녁 시간이 되었다. 점심 먹고 남은 선지국과 봄동 겉절이로 저녁밥까지 해결하고 나니 배가 너무 불렀다.

하천을 따라 도마동까지 걸어서 오기는 잘 왔는데 이번에는 나에게 문제가 생겼다. 버스를 타려고 카드를 찾으니 없었다. 카드는 핸드폰 케이스에 들어있었는데, 아뿔싸! 핸드폰을 친구 집에 두고 온 것이다.

함께 걸어온 친구도 핸드폰이 없다. 이거 정말 난처한 상황이다. 그때 친구가 무료 교통카드를 빌려줄 테니 집에 가라며 지갑을 뒤진다. 한참을 찾더니만 없다고 한다. 어쩔 수 없이 왔던 길을 다시 걸어서 가자며 발길을 돌리다가 친구가 다시 가방을 뒤지더니 신용카드를 건네주며 버스를 타고 가란다. 우리는 서로 쳐다보며 한참 웃었다. 그나마 다행이라고 생각하며 친구 집에 도착하여 핸드폰을 받았지만 걱정이 반이다. 나와 친구는 깜빡하는 습관이 자꾸 늘어난다며 서로 쳐다보고 또 한참을 웃었다.

핸드폰이 이렇게 귀한 물건이 될 줄이야. 시대가 참 많이 변했다. 지금은 모든 생활에서 핸드폰이 없으면 생활이 어렵다. 불과 몇 년 전만 해도 사치라고 생각하던 때도 있었는데 말이다. 그런데 지금은 필수가 아니던가. 서글픈 생각을 떠올리며 휴대폰이 없다면 접속해야 하는 인터넷 사이

트에도 못 들어가고 다음 날 활동보조 선생님과 연락도 할 수 없으니 모든 게 불통이다. 이 조그마한 게 우리 인생을 쥐락펴락할 줄은 몰랐다. 대단히 중요한 요술쟁이다.

  친구와 헤어져 바우처 택시를 타고 집에 돌아오며 기사님과 이야기는 또 이어졌다. 기사님 만나려니 참으로 우여곡절이 많았네요. 이 핸드폰 때문에 기사님과 인연이 되어 이렇게 만나게 되어 감사하다는 인사를 하고 잠시 전 상황을 이야기하였다. 기사님 하시는 말씀이 더 기막히다. "콜을 받아 가는 길에 잠시 집에 들렀다가 핸드폰을 집에 두고 오는 바람에 나중에 연결된 고객이 왜 전화를 안 받으시냐며 야단쳐 보통 난감한 게 아니었다."라고 풀이 죽어 있다. 핸드폰의 마법을 다시 깨달으며 서글픈 마음이 드는 한편으로 이렇게 저렇게 웃을 일이 많아서 즐거운 하루였다. 조만간 친구들과 단체로 치매 검사를 받으러 가야 하려나!

참외 두 개

김 재 심

 언제였을까, 보행 신호등이 빨간불이어서 파란불로 바뀌기를 기다리며 옆을 보니 거동이 불편해 보이는 할머니가 실버카에 앉아 있었다.
 이윽고 차도에 빨간불이 켜지고 횡단보도 신호등은 파란불로 바뀌었다. 할머니는 파란불로 바뀜이 확인된 다음 서서히 실버카에서 일어나 한 걸음 두 걸음 건너편을 향하여 걷기 시작하였다. 이런 속도라면 편도 3차선인 도로에서 중앙선쯤에서 신호등이 바뀔 것 같았다. 나는 교통 신호수가 되기로 하고 할머니의 왼쪽에서 손을 들고 할머니와 보폭을 맞춰가는데 결국 중앙선에서 보행신호가 빨간불로 바뀌었다.
 "어떻게, 어쩌면 좋아. 어쩌면 좋아"
 할머니는 입으로는 걱정하지만 몸이 따라 주지 않았다. 파란불로 바뀌고 나는 다시 할머니의 오른쪽으로 갔다. 양손을 들어 올려 손바닥을 반짝거리며 보폭을 맞추어 걸으면서 건너편에 도착하였다. 나는 우리가 무사히 건너기를 바라며 신호등이 바뀌어도 가지 않고 기다려 줬던 차량 운전사에게 고맙다는 인사를 잊지 않았다.

"안녕히 조심해서 가세요"

할머니께 인사를 하고 돌아서는데 할머니가 소리를 질러 부른다. 도와줄 게 남았나 하고 쫓아갔더니 "나 따라 와 봐"하고 명령을 하신다.

횡단보도에서 멀지 않는 곳에 과일가게가 있었다. 거기로 같이 갔는데 참외를 봉지에 담아 팔고 있었다. 할머니는 봉지를 열어 어른 주먹 2개 정도의 큼직한 참외 2개를 들고 받으라고 한다.

나는 "무슨 참외를 주신데요", 하고 물었다.

"고마워서 그래, 나한테 무슨 일이 있을까 염려해 왼쪽에서 또 오른쪽에서 보호해 줬잖아. 어찌 그냥 가. 다행히 과일가게가 있어서 인사를 하게 됐네. 고마웠고 나는 행복한 기분이야." 이렇게 말씀하시는데 참외를 안 받으면 성의를 무시하는 것 같았다.

그래서 양손에 받아들고 "맛있게 잘 먹겠습니다" 하면서 참외 든 손을 흔들며 인사를 했다. 대단한 큰일을 한 그런 기분으로 집을 향하여 걸음도 가볍게 열심히 걷다 보니 바로 집 앞이다.

나를 반겨주는 것은 아무도 없지만 뭔가 반짝거리며 환영하는 그런 느낌이어서 좋았다.

탁자에 올려진 참외 두 개.

한참 지난 뒤 그 할머니가 가끔 생각난다. 지금은 무얼 하고 계실까.

천국, 편안하신가요

조 남 수

　당신이 내 곁을 떠난 지 1년이 다섯 번 지나고 2개월이 지나가요. 부모의 사랑만 사랑인 줄 알았던 나에게 남편의 사랑은 더 찐한 사랑이었어요. 사랑은 누구에게도 있나 봐요. 당신의 어머니, 시어머니한테서도 나의 어머니 못지않은 사랑을 받았지요. 사랑은 누구에게나 보이지 않는, 넘치는 것이라는 걸 알았어요. 24시간을 같이 있어도 싫지 않았던 당신은 내 팔에 안기어 숨을 멈추고 그렇게 잠들은 천국, 편안하신가요?
　말만 들은 천국은 덥지도 춥지도 않다지요. 좋은 건 천국에 있다고 해요. 여기의 날씨는 무덥고 장마가 시작되어 곳곳에 산사태가 났다는 뉴스를 들어요.

　나는 당신과 복지관에 입학하여 당신 운전석 옆에 앉아 "여보 오늘은 이것을 배웠어" 당신 귓속에 속삭이듯 이야기하면 "잘했어" 칭찬도 많이 하며 웃음 짓던 당신, 지금은 그 칭찬을 해줄 사람이 없네요. 춘임이가 오면 오늘은 아버지가 아닌 네가 들어주네, 하며 그날의 이야기를 하게 되네요.

당신은 행복했나요? 손 뻗으면 내가 잡아 주고, 부르면 한달음에 달려가 값으로 따질 수 없는 사랑하는 마음으로 당신 옆에 대기하는 경호원이 되었지요.

잠시 머물다 사라질 줄 알면서도 모르는 듯, 돈이 많아도 지위가 높아도 무상으로 왔다 무상으로 가는 풀잎 같은 우리 인생, 그래도 우리는 임기를 마치고 졸업을 했었지요.

꽃봉오리 피우지 못한 사람도 많아요. 나도 임기가 지났지만 새로 시작하는 '나도 작가다' 수업을 시작했어요. 선생님의 이야기 속에서 지나온 날들 돌아보며 마지막 갈 길에서 할 말을 적어보고 싶네요.

당신은 떠났지만 살아온 이 무슨 사연인가를 자세히 설명 듣고 한없이 외로운 나를 마지막 길에 행복하게 갈 수 있게 인도해 줄 수업이지요.

열심히 산다고 살았지만 남은 것은 아무것도 없습니다. 사랑하는 당신도 들어주지 못한 저의 가슴 속 이야기를 선생님께 들려드리고 싶네요.

당신에게 다시 묻고 싶어요. 공중에 나를 버린 것 같아요. 감나무에서 홍시 하나 떨어지면 누가 받아요. 받을 사람 없어 박살이 날 겁니다. 당신은 나를 두 번 버렸어요. 내 나이 53살에 버려 10년 만에 다시 찾아왔지요. 물론 당신이 아쉬워서 그렇게 했겠지요. 이런 잘못이 있는데 하나님이 천국의 문을 열어주셨나요? 실수는 사람이 할 수 있는 거니까·······.

당신의 천국, 편안하신가요?

오늘은 마무리 잘하고 오라는 당신의 응원을 받고 싶습니다.

황반변성이 가져다준 행복

구 복 희

 나의 하루 생활 중 빠지지 않는 유일한 일은 뒤 베란다를 열고 대전 시내를 바라보는 일이다. 1층 높이에 나오면 마주 보이는 곳에 우리 교회 십자가 탑이 있어 기도와 감사를 드리며 마주하는 내 삶을 정리하는 곳이기도 하다. 나처럼 바라다보는 이들에게 마음의 평화를 되찾게 해주고 힘과 능력이 되기를 간절히 기원해 본다. 내가 섬기는 교회를 마주할 수 있는 둥지를 찾아 옮겨와 살면서 순간순간 얼마나 기쁘고 좋은지. 뒤창 너머로 희미하게 보이는 교회 십자가가 나에겐 힘이 되고 의지처이다.

 이젠 언어 장애와 허둥대는 걸음걸이, 인지기능 저하로 삶의 질까지도 점점 떨어졌다. 처참함조차 느끼지 못할 만큼 멍청한 사람이 되었다. 그러다가도 쉴 새 없이 주님을 부르고 내가 하나님의 딸이 아닌가, 이렇게 주저앉을 수 없다. "나는 하나님의 딸이다"라고 외친다. 사나흘에 한 번씩 주님의 부르심을 체험하고 "사랑하는 딸아" 부르실 때 터지는 눈물을 의식하지만 비통의 눈물을 흘리지는 않는다.

현실을 말한다는 것은 참으로 가슴 뛰는 일이다. 점점 기억 속에 묻혀 가고 있는 것을 그냥 묻어둘 수 없어 투병기를 간중 삼아 알리고 싶어 그 날을 회상해본다.

지금부터 2년 전에 한쪽 눈은 실명이 됐고 하나 남은 왼쪽 눈에 또다시 이상이 생겼다. 곧바로 세브란스 병원으로 찾아갔지만 처음 담당했던 교수님은 미국에 가고 없었다. 다른 교수님이 보시는데 행여나 실수라도 하게 되면 실명이라는 극단적인 결과를 예상해야 한다기에 담당 교수님이 돌아올 시기를 기다리며 집에 왔다. 하지만 마음이 불안하여 대전에 있는 병원을 찾았지만 여의치 않았다. 나는 불안한 마음을 잡기 위해 40일을 기도하며 집에서 기다렸다. 가족회의를 하면서 방법을 찾아봤지만, 모든 결과에 대한 것은 본인인 내 의견을 따를 수밖에 없었다. 그날부터 나는 나타나는 모든 상황을 주시하고 하나님의 뜻을 구할 수밖에 없었다.

하루하루 급속히 나빠지는 시력으로 보이는 것들이 내 생에 마지막이 될 수도 있기에 큰 화폭에 그리고 종이에 하나하나 적었다. 우리 집 앞 철도 육교와 교외 계단을 오르내릴 때 그것들은 꽈배기 꼬아 놓듯 꿈틀거리는 움직임으로 보이고 허공은 빙글빙글하니 참으로 어지러웠다. 나는 내 손을 잡아 주는 남편에게 의지했고 길을 건널 때 신호등이 보이지 않으면 동행자가 나타날 때까지 기다렸다가 건너야 했다. 병원에서 글자를 볼 수 없다는 교수님의 검사 결과에 대한 말씀을 들었을 때는 절망뿐이었다.

 하루하루 내가 상상도 못 했던 날들의 연속이었다. TV 화면 속 자막들이 마치 일본 잡지를 보는 듯하고 그 좋아하는 가수들의 모습은 우글거려진 쪽박 같고, 녹색 페인트칠한 가면 쓴 모습이며, 넥타이 모습과 검정 양복은 오직 셔츠 깃만 보였다. 나는 더 이상 볼 수 없어 뒤 베란다로 나왔다. 창밖을 보는 것이 유일한 일과였다.

 보이는 건물들이 다 쓰러지고 무너져 내리고 아파트 건물이 줄지어 누워있는 모습 사이로 검정 숯덩이 두 개가 휘젓고 걸어가는 것이 사람 모습이었다. 철도로 왕복 엇갈리며 달리는 기차는 엄청난 큰 구렁이의 힘찬 움직임이었다. 깡통을 우그려 놓은 모습의 자동차들은 모두 눈알이 튀어나왔고 양쪽 차선으로 달리는 모습이 마치 사선으로 미끄럼을 타는 것 같았다.

 주사 치료 외에 어떤 방법도 없기에 주사를 맞고 나니 약물이 탁구공, 골프공만 한 구슬이 되어 내 눈에 매달린 채 삼 일간 숙식을 같이하다 살며시 사라져 버린 적이 있었다. 그 구슬은 참으로 아름다워 내 베개처럼 베고 잠을 자기도 했다 신기하고 괴이해서 무어라 표현할 수도 없다. 욕실 타일의 아름다운 바닥을 바라보며 세수하는 경험은 무엇이라 표현할까? 사실은 타일이 없는 상태인데 말이다.
 나를 달래주던 십자가는 휘어져 있고 붉은 벽돌들이 빠져나가 떨어지는 모습 속에 사슴의 눈같이 아름다운 눈동자가 신화 속의 모습처럼 보였다. 몇 번 눈을 감았다 떠보기를 했지만 교회 십자가 탑의 무너짐 속 눈동자는 신비롭게 아름다운 '천사의 눈' 교회를 지켜주는 눈동자가 되었다. 나는 가슴으로 '감사합니다'를 몇 번이고 외쳐보았다.

아침저녁 수시로 내 앞에 보이는 시야는 그야말로 파스칼의 그림을 떠올리게 하고 그가 그린 그림도 '황반변성이었나'라고 생각해 보기도 했다. 아파트도 장난감 마을처럼 들쑥날쑥한 모습으로 보이고 벌써 우리 목사님 성도님들의 얼굴은 희미한 그림자로 찾아왔다. 절대 글씨를 못 본다고 하던 의사 선생님 말씀대로 내 눈에는 정상적인 것들이 모두 사라졌다.

이제는 모두 지나간 현상들이었지만, 지금 오른쪽 눈은 시력을 잴 수 없고 왼쪽 눈은 희미하지만 그래도 천천히 집으로 올 수 있는 정도이다. 애써주신 교수님께 감사하고 또 좋은 내일을 고대하며 하나님께 기도드린다. 이제 내가 할 수 있는 일은 거의 없는 것 같다. 집안 살림은 남편 손으로 넘어갔고, 용돈을 받아 쓰고 은행 출입도 막을 내렸다. 그러나 서운하지 않다. 남편에게 미안한 마음이 들지만 용돈만큼은 내 맘대로 사용할 수 있으니 모두가 감사하고 편안하다.

남편에게 더 이상 어려움을 주고 싶지 않아 시각장애인 복지관 회원이 되어서 늘 집을 나와 하루하루를 지낸다. 거기에는 여러 가지 프로그램이 있어 즐겁게 지낼 수 있다. 남편도 기타와 탁구 등을 하러 기독교 사회복지관에 나간다.

7년이나 병원을 다니며 치료와 관리를 받고 있지만, 아직 큰 성과를 보지 못하고 있다. 그나마 희미할 때 속히 점자와 컴퓨터, 흰 지팡이 교육까지 내 몸에 익히고 싶다. 또 새로운 세계의 삶의 도전을 위해 기초재활 교육에 전념하려고 마음을 단단히 먹고 있다.

　생각해 보면 엄청난 시련이었고 가족의 희생을 수반하는 삶이었지만 복지관에서 복된 친구들을 만날 수 있었고 천사 같은 선생님, 존경하는 믿음의 선생님들을 만났다. 결코 잊을 수 없는 고마움으로 마음에 스며든다. 언제나 배려해주는 친구에게도 고마운 마음을 다시 한번 표현해 본다.

　얼마 전에 레이저 치료를 받은 후 한동안 보지 못했던 교회의 십자가 불빛을 다시 볼 수 있기에 조금 더 소망 중에 인내하며 나를 사랑하고 칭찬하며 살아보련다. 나처럼 갑작스런 황반변성으로 시력을 잃거나 큰 어려움을 당한 분들이 있다면 "결코 실망하지 말고 소망 중에 잘 이기고 기도하세요"라는 말씀을 드리고 싶다.

　이제는 산을 넘어왔고 지금은 한 글자 한 글자 큰 글자를 눈동자를 돌리면서 간신히 읽을 수 있다. 그것만으로도 그저 지금이 감사할 뿐이다.

최명희 작가의 발자취를 찾아서

장은혜

　우연히 '나도 작가다'라는 수업에 들어가게 되었다. 수업을 듣기 전에는 무슨 글이라도 써오라 할까 봐 너무 부담스러웠는데 몇 번 수업에 참여해 보니 나름대로 괜찮았다. 글재주는 없지만 그래도 좋았다. 왜냐하면 조금씩 배워가면 되니까.
　수업에 조금씩 익숙해질 무렵 9월 초에 전주에 있는 최명희 문학관 기행을 간다고 해서 마음이 많이 설레어 잠을 설쳤다. 문학관 탐방은 처음이라 설렘 반 기대 반이었다. 당일 아침 일찍 준비해서 복지관에 갔는데 벌써 여러 동료가 와 있었다. 이렇게 만나니 더 반가웠다. 시간이 되자 모두 차에 올랐다. 준비해간 과자를 나눠 먹으며 이런저런 얘기도 나누며 하하 호호 재밌게 웃다 보니 벌써 전주에 도착했다. 먼저 찾아간 곳은 문학관에서 조끔 떨어진 곳에 있는 덕진호수공원이었다.
　내리자마자 하늘을 한번 우러러보니 날씨는 좋았지만 약간 더웠다. 서로 짝지어 호수 가운데 연화정이라는 도서관으로 갔다. 화장실을 찾는다고 안으로 들어가니 분위기가 조용하면서 어디선가 가야금 소리가 은은

하게 들려왔다. 문득 학교 다닐 때 가야금 배울 때가 생각이 나서 그런지 그 소리가 내 가슴을 흔들었다.

조용히 볼일을 보고 오니 물 위에 나무로 지어진 건물이라고 해서 깜짝 놀랐다. 아니 물속에 있으면 나무가 썩지 않을까 하는 의문이 들었는데 선생님께서 그렇지 않다고 설명해주었다. 나무로 만든 도서관은 굉장히 웅장하고 고풍스러웠다. 건물 구경을 마치고 나와 양쪽으로 연꽃이 즐비한 다리 위를 걸으니 내가 왕비라도 된 것처럼 황홀했다.

배가 출출해지는 시간, 예약한 식당으로 갔다. 맛있는 산나물 비빔밥에 술도 아닌 것이 꼭 수정과 맛이 나는 모주라는 술도 한 잔씩 마셨다. 맛이 좋아서 갈 때 사 가야겠다.

식사가 끝나고 최명희 문학관 입구에 들어서자 작가님이 쓴 많은 책이 1미터가 넘을 정도로 쌓여 있었다. 잠시 후 해설사 선생님이 여러 가지 자료들을 설명해주고 짧은 영상도 보여 주었다. 그 화면에 최명희 작가님의 모습과 음성이 들렸다. 얼굴은 보이지 않지만 목소리를 들어보니 당차고 의지가 강한 성격이구나, 라는 느낌을 받았다. 젊은 나이에 가족을 책임진다는 것이 참으로 힘든 일이 아니겠는가. 나를 되돌아보니, 나는 자신이 없었다. 작가님은 너무나 강한 의지와 책임감으로 살아온 것 같았다. 또 어려움 속에서도 한 글자 한 글자씩 생각하며 쓴 많은 작품이 차곡차곡 쌓이면서 힘들었지만 보람된 일들도 많이 있었을 것이다.

하지만 안타깝게도 최명희 작가님이 젊은 나이에 운명하셨다는 말을 듣고는 마음이 짠하면서 뭉클해졌다. 그리고 벽보를 다시 한 바퀴 돌아보니 내가 가장 쓰고 싶었던 것을 한 가지만 쓰라고 한다면 '그믐은 지하에 뜬 만월, 어둠은 결코 빛보다 어둡지 않다'라는 글이 내 마음에 쏙 안 겼다.

　1997년에 『혼불』로 문학상을 수상한 소감을 말한 것이다. 최명희의 뛰어난 묘사와 화려한 문장은 우리의 고유의 정서를 담아 빛나는 언어와 아름다움을 보여 주었다. 그의 작품에 대한 설명과 그녀의 자취를 더듬어보니 작가의 작품에는 혼이 담겨있는 것을 느낄 수 있었다.

　그녀는 '언어는 정신의 지문이고 모국어는 모국어의 혼이기 때문에 저는 제가 오랜 세월 써오고 있는 소설 혼불에다가 시대의 물상에 떠내려가는 쭉정이가 아니라 진정한 불빛 같은 알맹이를 담고 있는 말의 씨를 심고 싶었습니다'라는 말을 했다. 말에도 씨가 있다는 속담처럼 말이란 잘 생각해서 해야 하는 간절한 의미로 다가왔다.

　해설사의 설명이 끝나자 우리는 아쉬움을 뒤로한 채 발걸음을 옮겨 옆에 있는 부채 박물관으로 이동했다. 여기 해설사님도 재밌고 유머 감각이 뛰어나 한마디씩 멋들어지게 읊조릴 때마다 귀에 속속 들어왔다. 그중에서도 기억에 남는 것은 '종이와 대나무가 서로 만나 혼인해서 바람을 낳았다'라는 말이다. 이 말에는 아주 깊은 뜻이 많이 담겨있는 것 같았고 이몽룡과 춘향이 얘기도 덧붙여주어서 우리는 깔깔대며 많이 웃었다.

　전주 한옥거리 탐방에 나섰다. 이런저런 볼거리를 눈에 담으면서 걷다가 커피숍으로 갔다. 운 좋게도 손님이 없었다. 각자 차를 마시며 이런저런 얘기를 나누고 땀을 식혔다. 바깥으로 보이는 풍경은 평화로웠다. 다시 나와 한옥 거리를 걷는데 도랑에서 맑은 물소리가 들려왔다. 고개를 돌려보니 엄마랑 아이랑 도랑에서 발을 담그고 장난을 치고 있는데 너무 정겨워 보였다.

거리에는 외국 사람들이 한복을 입고 즐겁게 얘기도 하고 웃으며 지나가는 모습이 많았다. 그 사이를 뚫고 가려다 피하지 못해 정희 언니가 도랑물에 빠졌다고 했다. 그래도 어느 정도 보여서 그나마 다행이지 전맹 언니가 빠졌으면 얼마나 두려웠을까?

복잡한 거리를 뚫고 지나가면서 모주를 사고 탕후루를 먹으러 가게 안으로 들어갔다. 잠시 후 탕후루가 나왔는데 두 명당 하나씩이라고 해서 나는 짝꿍 언니와 먹게 되었다. 언니가 꼬치 하나를 잡으며 힘껏 잡아당길 테니 맨 위쪽부터 이빨로 당겨보라고 해서 그렇게 했지만 움직이지 않아 다시 시도했다. 실패다. 다시 언니가 한번 힘껏 잡아당기라고 말했다. 그래서 또 당겼는데 진짜 꼼짝도 하지 않았다. 내 치아가 임플란트라 곧 빠질 것 같은 생각이 들어서 언니한테 도저히 안 되겠다고 하니 언니는 막 웃으며 "이게 왜 안 빠지는 거야"라며 말했다. 알고 보니 딸기가 꽁꽁 얼어 있는 것도 모르고 잡아당겼으니, 참... 처음 먹어본 것이라 아무도 몰랐던 것이었다. 하여튼 재미있었다.

일정을 모두 마치고 차로 발걸음을 옮기는데 여기 초코파이가 유명하다 해서 국장님이 사서 한 개씩 나눠 주었다. 모두 즐거운 마음으로 차에 올라 이곳저곳 다니면서 느낀 소감도 얘기하고 정희언니가 물에 빠진 것, 내가 탕후루 먹다가 비싼 임플란트가 빠질 뻔했던 얘기 등등 얼마나 웃었는지……. 오늘은 참 보람되고 즐거운 여행으로 추억의 한 페이지로 남겨질 것 같다.

내 안에 우뚝 선 시계탑

임 채 진

  정각에 울리는 노랫소리. 시간에 맞춰 울리고 홀로 외로이 우뚝 솟아 있는 시계탑이 있다. 고개를 들어 쳐다보면 둥근 흰 판을 두고 시침과 분침, 초침이 돈다. 우리들의 삶은 시계바늘의 움직임과 닮았다.
  하루를 지내며 정해진 시간에 따라 움직이는 우리는 쉴 틈이 없다. 자신에게 맡겨진 일과와 주어진 시간에 맞춰 끝내어야 하는 것들로 바쁘게 움직인다. 그러고 보니 우뚝 하늘로 솟아 아래를 내려다보는 시계탑은 우리의 곁을 지키는 비서와도 같다.
  정각이 되면 울려 퍼지는 노랫소리는 귓가를 즐겁게 한다. 여유를 잊고 열중하다 놓쳤던 시간은 우리 곁에서 저 멀리 달아나고 있다. 바쁜 이 세상을 사는 우리에게는 24시간이 모자란 듯하다.
  아침에 일어나 피곤한 몸을 이끌고 일터로 갈 시간에 맞춰 출근하고, 오전 일을 마치고 휴식 시간을 알리는 점심시간은 꿀같이 달콤한 시간이다. 시간에 맞춰 울리는 우리들의 배고픔의 소리도 귓가에 울려 퍼진다.

이 세상에 태어나는 순간부터 시곗바늘의 분침과 초침, 시침은 둥근 판을 두고 쉼 없이 돌아간다. 삶 또한 같다. 내 시계탑은 아직 아침을 달리고 있다. 30년 가까이 되어가니 벌써 둥근 흰 판을 30번 넘게 돌아왔다. 1년, 1년 지나가면서 우리는 성장하고 늙어가는 것처럼 세월과 함께 우리의 시계탑도 노후화되기 시작한다.
　열심히 돌아가던 분침 시침 초침들이 삐걱거리기 시작한다. 그 정도에 따라 세상을 바라보는 눈의 깊이도 달라져 간다. 사람마다 그가 가진 시계는 점점 노화되고 있다.

　오늘의 시대는 100세 시대라 한다. 노화되었지만 연륜이 있는 시계탑들은 맡은 임무를 정리하면서 새로이 지어져 세상을 향해 소리 내는 시계탑에게 조언과 지혜를 줄 자격이 있다.
　깊은 지혜는 그만큼의 세월을 버텨낸 자의 경험과 깊이에 따라 천차만별이다. 각자의 시계탑은 자신의 방법과 기술들을 이용해 짓게 되고 완공이 된다. 하지만 완공이 되기까지 시행착오와 무너지기를 반복한다. 그 순간 좌절과 절망감을 수십 번, 수백 번 마주한다. 그땐 잠시 모든 것을 멈추고 휴식을 가져보는 것도 좋다. 그동안 잠시 시계탑의 고요함을 느끼면서 본인만의 시간을 가져보는 것도 좋다.

　내 시계탑에는 아직 노후가 진행되었을 때 고칠 수 있는 장비가 완벽하게 갖추어져 있지는 않다. 하루하루를 살아가며 내 시계탑에 맞는 공구를 찾아보는 것은 나 자신의 몫이다.

옳다고 생각한 것들이 옳지 않고 급한 마음과 성급함으로 엉성하게 일을 처리할 때가 있다. 그러면 그 약간의 빈틈으로 인해 튼튼히 지어질 수 있는 시계탑이 쉽게 무너지고 금이 가기 쉽다. 그 빈틈을 도중에 발견해 보수를 하면 튼튼하게 지을 수 있을 것이다. 하지만 발견의 시기가 늦어진다면 작은 틈이 시간에 따라 더 큰 틈으로 만들어지게 된다.

그리고 보면 우리들의 성격이 다르고 경험한 것들도 다르기에 시계탑의 모양도, 하늘로 뻗은 높이 또한 다르다. 그 안에는 수많은 경험과 겪었던 스스로만의 고민도 들어있을 것이다.

째깍째깍 흘러가는 시간은 우리의 삶과 같다. 정각에 울리는 이 노랫소리는 저마다의 인생을 살아가는 데 들리는 울림이다. 하지만 그 울림은 세월이 지남에 따라 다르게 들릴 것이다. 아침과 낮, 밤에 듣는 울림의 크기는 저마다의 시계탑의 크기에 따라서도 달라지고 언제 울리느냐에 따라서도 달라진다.

나의 시계탑은 새벽을 비추며 꼿꼿이 선 채 아직도 힘차게 돌아가는 중이다. 느리지도 빠르지도 않지만, 나의 시간 속으로 나만의 속도로 흘러가고 있다.

신육아일기

양 경 화

 봄날 같은 따뜻한 어느 날이었다. 코로나19가 아직 끝나지 않은 긴장된 시기였다. 목포에 사는 막내딸이 아빠가 평소에 우두커니 밖을 바라보거나 멍하니 잠만 잔다는 제 엄마의 일방적인 말만을 믿고 태어난 지 한 달 남짓한 고양이 남매 한 쌍을 집으로 데리고 왔다.
 "아이쿠! 어서 오너라 사랑하고 환영한다. 우리 아가들아!" 그렇게 따뜻한 봄날에 냥이와의 인연이 시작되었다.
 냥이는 그야말로 어른의 주먹만 하였다. 막내딸이 남자아이는 초코이고 여자아이는 크림이라고 이름을 붙여주었다. 나는 순간 웃음을 참지 못하고 초코, 크림, 무슨 이름이 그래, 하면서 한바탕 크게 웃었다.
 바로 근처에 있는 동물병원에서 건강검진을 받고 등록까지 했다. 하지만 처음에는 잘 적응하기 어려웠고 잔 손길이 많이 가 거절하지 못한 것이 후회스럽기만 하였다. 그러나 시간이 지나면서 냥이들의 재롱 때문에 후회스럽던 마음은 사라지고 기쁜 마음이 샘솟아 나왔다. 이제는 가족처럼 친근하고 정이 들었다. 유행가 가사처럼 '아! 아! 아! 사는 날까지 함께 가세 보약 같은 친구'가 되었다.

우리 냥이들은 혈통도 없고 색깔도 아름다운 명품도 아니다. 동물병원에 데려갈 때 사람들은 들고양이쯤으로 바라본다. 하지만 나에겐 그 어느 명품보다도 귀한 냥이들이다. 한 번씩 안아주고 토닥토닥 때려주면 좋아하는 게 꼭 나의 모습 같기만 하다. 동물 행동 전문 심리학자는 아니건만 냥이들의 관례와 성장 모습에 점점 관심을 가지게 되었다.

우리나라는 반려동물 1,500만 시대라고 한다. 엄청난 숫자다. 사실 나는 반려동물을 좋아하지 않는다. 오래전에 '요크트리셔'라는 아주 작은 체구의 반려견인 까미를 기르면서 정이 흠뻑 들고 행복하였다. 사랑스러운 까미는 체격이 너무나 작은 데다가, 손, 발톱을 자주 깎아주어야 하는 사실을 몰라 그만 게을리하였다. 그 때문에 손, 발톱이 뒤로 말리는 구부러지는 현상이 일어나 소파에 올라갔다가 뛰어내리는 과정에서 착지가 안정되지 못하여 방바닥이나 장애물에 부딪히며 나뒹굴었다. 이러한 행동이 반복되면서 뇌진탕이 발생한 것이었다. 치료를 위해 링거주사 등을 놓으려고 하여도 혈관이 나오지 않는다며 소생이 불가하다고 수의사가 말했을 때 나는 그만 눈물을 쏟고 말았다. 사랑하는 까미를 보내고 나니 다시는 반려동물을 키우고 싶은 마음이 들지 않았다. 자녀들은 반려동물들을 키워보도록 계속 권유하였으나 나에겐 아무 의미 없는 소리였다.

막내딸은 아빠의 시각장애 등에서 비롯된 온전치 못한 생활을 듣다못해 냥이를 집으로 데리고 온 것이다. 그렇게 시작된 냥이와의 인연은 해를 거듭하여 이제는 세 살이 되었다.

동물병원에 등록할 당시만 해도 1.5kg에 불과했는데 지금은 10kg이 넘어간다. 이렇게 성장하는 과정에서 나의 두 팔과 두 다리에는 물리고 할켜진 크고 작은 상처가 40~50여 군데가 된다. 하지만 이제는 이 아이들이 없으면 못 살 것 같다. 초코야, 크림아 사랑한다.

냥이들은 참 다루기 힘든 녀석들이다. 돌출 행동은 잊어버릴 만하면 한 번씩 벌어진다. 아파트 출입문을 여는 순간 번개처럼 뛰어나가는 일들이 있어 잡으러 다니느라 소란이 벌어지는 일이 생기기도 한다. 크고 작은 일들은 언제든지 일어날 수 있기에 주변 환경에 신경도 써야 한다. 냥이들이 집에 들어온 지 얼마 안 되었을 때다. 싱크대 아래 수납장 문이 빼꼼 열려 있을 때 크림이 느닷없이 뛰어 들어가 버렸다. 보일러 및 수도 배관들이 모여 있는 바닥의 틈새를 통하여 거실 바닥 쪽으로 들어가 버린 것이다.

순간 나는 머릿속이 하얘지면서 아이쿠! 이제 큰일 났구나! 죽을 수도 있겠구나! 하는 생각이 들었다. 만약에 나오질 못하면 거실 바닥을 뜯어내는 공사라도 벌일 생각이었다. 그러나 할 때까지는 해보자는 마음에 냥이의 스탠 밥그릇 2개를 두들기며 소리를 질러 댔다, 크림아, 크림아, 이쪽으로 나와보렴, 그렇게 반복하기를 두 시간쯤 흘렀을까? 정말로 기적과 같이 크림이 그 좁은 틈새로 기어서 찾아 나오는 것이었다.

어이쿠! 하나님 감사합니다. 이놈을 힘껏 끌어안았다. 녀석은 좌우로 머리를 흔들며 안기는데 그때의 기쁨은 말로 다 표현할 수가 없다.

냥이들은 스스로 몸을 깨끗이 하지만 특히 용변 관리를 잘한다. 지금껏 별다른 문제 없이 토실하게 자라고 있다. 부르면 대답도 잘하고 오라고 하면 꼬리를 높이 세워 흔들며 다가온다. 우리 오래오래 함께 잘 살아가자꾸나!

나는 여유가 생긴다면 버려진 반려동물들, 특히 고양이들을 보살펴 주고 싶다, 내가 사는 아파트 주변에도 버려진 냥이들을 간혹 본다. 분명 흰 고양이인 듯한데 오물을 뒤집어썼는지 더럽혀진 모습을 보면 안타까움에 그 모습이 눈에 자꾸 어른거린다.

한때는 아내가 냥이들을 데리고 집을 나가라고 하는 갈등의 시기도 있었으나 슬기롭게 잘 넘겼다. 냥이들을 기르면서 며느리와 아내와 소통하는 법도 배웠다. 며느리 앞에서는 며느리 말이 맞고 아내와 말할 때는 아내 말에 맞장구를 쳐주고, 난처할 때는 상황을 보면서 냥이처럼 말없이 가만히 있는 게 상책이다. 그것이 내가 노년에 살아남기 위해 터득한 기술이다. 냥이야 고맙다! 너희들은 나에게 인생 선생님이지 싶다.

어쩌다 마주친 그대

박 민 성

하고 싶은데 할 수 없게 될 때가 있다. 그것을 다시 하고 싶은 마음이 간절하다면 어떡할까? 눈이 점점 나빠지면서 자연스럽게 책이 멀어져 갔다. 점점 멀어져만 가는 걸 하염없이 바라볼 수밖에 없는 걸까, 붙잡을 방법은 없는 걸까. 누가 읽어줄 수도 있겠지만, 작가가 만든 책의 세계를 홀로 여행하고 싶었다.

'미래를 아는 사람만큼 강한 자는 없다.' 어느 드라마 속의 한 대사가 떠올랐다. 나는 앞을 못 보게 될 거라는 미래를 알고 있다. 닥쳐올 미래를 준비하는 자야말로 진정 용기 있는 사람이 아닐까.

작년부터 대전 산성종합복지관에 다니기 시작했다. 처음엔 흰지팡이로 보행하는 법을 배우기 위해서였다. 보행이 끝날 무렵 무엇을 더 배울지 고민했다. 컴퓨터는 지금 좀 다룰 줄 아니, 점자를 배우기로 했다. 눈을 감고도 글을 읽을 수 있다는 게 가장 크게 와 닿았다. 더불어 눈의 피로도 줄일 수 있고 말이다. 어찌 보면 우연이고, 미래를 생각하면 필연적인, 그렇게 점자와 나와의 만남은 시작되었다.

일을 시작하는데 그냥 하는 것보다 목표가 있으면 더 좋을 듯했다. 점자를 배울 때도 마찬가지일 것이다. 눈이 좋았을 때 가장 재미있게 읽었던 해리포터 시리즈를 읽기로 했다. 7편 중 5편까지 읽었는데, 점자를 배우기 시작하면서부터 나머지인 6편과 7편의 점자책을 구하기 시작했다. 뜻이 있는 곳에 길이 있다고 했던가. 구하기 시작한 지 3개월쯤 되었을 때였다. 국립장애인도서관의 점자 출력 서비스를 통해 책을 받게 되었다. 묵자책으로는 8권 분량인데 점자책으로는 23권이나 되었다. 책을 하나하나 책장에 꽂으면서 읽을 수 있다는 기쁨보다 먼저 한숨부터 나왔다.

당연히 처음엔 속도는 고사하고 모르는 점자들로 가득했다. 더군다나 다음 줄도 잘 못 찾았다. 그럴 때마다 되뇌었다. '해리포터는 재미있어. 궁금하잖아. 읽을 수 있어, 읽고 말 거야!' 모르는 점형을 만나면, 문맥상 어떤 점자인지 생각했다. 그런 다음 숫자면 숫자, 알파벳이면 알파벳, 문장부호면 문장부호 일람표를 보며 찍고, 만져보고 다시 점자책 읽기를 반복했다. 5개월쯤 되었을 때, 6편을 다 읽었다. 떨리는 마음으로 펼친 첫 장의 감촉과 마지막 장을 닫았을 때 가슴으로 희열이 밀려왔다. 이루 말로 표현할 수 없는 감정은 오랫동안 잊지 못할 것 같았다.

점자에 관련된 대회와 자격증이 있다. 대회는 1년에 한 번씩 열리는 장애인 기능경기대회로 '점역·교정 직종'이 있다. 자격증은 1년에 두 번 '점역·교정사 자격증 시험'이 있다. 점자를 배우면서 최종적으로 생각한 목표가 자격증 취득이었다. 무언가를 배웠는데 자격증까지 취득하면 금상첨화가 아니겠는가. 더욱이 결승점이 보여야 중간에 포기하지 않을 것 같았다.

시기상 점역·교정사 시험 중간에 장애인 기능경기대회가 있었다. 과제가 비슷해서 자격증 시험 대비도 할 겸 대회에 참가해 보기로 했다. 첫 출전이고 다른 목표가 있으니 참여하는 데에 의의를 두었다. 막상 시작하니 어느새 열심히 하는 나를 발견할 수 있었다. 준비 과정이 쉽지는 않았다. 과제가 두 가지 있는데, 하나는 녹음된 음성을 듣고 점자로 받아쓰기를 하는 것이고, 다른 하나는 점역된 문장을 읽고 어법에 맞지 않는 부분을 고치는 것이었다. '우리말 겨루기' 같은 프로그램을 보면 느낄 수 있겠지만, 내가 한국인이 맞나 싶을 정도로 한글 맞춤법은 어렵지 않은가. 거기다 기본적으로 점자를 빨리 읽고 쓰면서도 점자 규정에 맞게 해야 하니, 심리적인 부담이 컸다. 설상가상 대회가 임박해서는 너무 열심히 해서 그런 건지, 허약해서 그런 건지 손가락이 아파 점자를 읽기가 여간 곤혹스러운 게 아니었다. 물론 힘든 것만 있었던 것은 아니다. 눈의 피로를 덜어 가며 맞춤법을 하나하나 익혀갈 뿐만 아니라 어두워도, 차 안에서도 공부할 수 있었다.

　대회 당일 장마가 시작된 지 얼마 되지 않을 때였다. 너무 긴장했는지 입이 마르며 온몸의 수분이 전부 빠져나가는 마냥 화장실에 자꾸 가고 싶었다. 더욱이 지정된 좌석에 앉아서는 심장이 쉽게 진정되지 않았다. 그렇게 대회가 시작됐다. 침착하려고 노력하면서 첫 번째 과제를 마쳤다. 검토를 하는 데 실수를 발견했다. 정신이 아득해졌다. 고칠 방법이 있나 하고 몇 분을 고민했다. 아무리 생각해도 감점은 피할 수 없고 다만 문장만큼은 제대로 쓰는 게 좋을 듯싶어 그 방향으로 수정했다.

　연습 때보다 시간을 많이 쓴 채 두 번째 과제로 들어갔다. 허비한 시간을 만회해야 한다는 생각에 초조해져만 갔다. 급할수록 돌아갔어야 했을까. 어떤 문제는 뭐가 잘못된 부분인지를 모르겠고, 또 어떤 문제는 여기밖에 틀린 곳이 없는데 어떻게 고쳐야 할지 잘 생각나지 않았다. 시간은 점점 줄어들고, 생각은 안 나고, 다른 분들의 문제 푸는 소리만 들리고, 속이 타들어 갔다. 시험이 끝났다는 소리가 들릴 때까지 한 자라도 더 찍었다. 멀어져 가는 답안지를 보노라니 아쉬움의 파도가 밀려들었다.

집에 돌아오는 길, 내 마음을 알아주는지 장맛비가 세차게 내렸다. 집에 와서도 좀처럼 아쉬움이 가시지 않았다. 지금까지 점자 공부에 끓어오르던 열정이 파도의 거품처럼 한순간에 사그라들었다. 착잡하고 우울했다. 대회 준비를 위해 미뤄뒀던 드라마를 봤지만 별 소용이 없었다. 생각하지 않으려 해도 계속 그 시간, 그곳으로 날 데려다 놓았다.

한편으로 인간은 참 간사하다. 오후 5시가 조금 넘었을 때, 모르는 번호로 전화가 왔다.

"1등을 하셨는데, 내일 시상식에 참석해 주실 수 있을까요?"

"1등이요? 제가요? 당연히 참석해야죠!" 믿기지 않았다. 곧장 안방에 가 소리쳤다.

"엄마, 나 1등이래, 1등!"

일순 집채만 한 파도가 물러가고, 아름다운 휴양지에 있는 기분이 들었다. 어쩌다 마주친 점자는 나를 새로운 세계에 데려다 놓았다. 우여곡절을 겪으며 적응한 그 세계에도 희로애락이 있다. 어느새 두 세계는 하나가 됐다. 점자는 내가 다시는 갈 수 없다고 생각한 책의 세계로 나를 이끌어 주는 든든한 벗이 되었다.

2부
내 삶에 들어온 은혜

엄마는 계모 나는 새엄마

정 미

"할머니 어서 오세요, 어디가 안 좋으세요?"
"나 허리가 안 좋아."
"네 제가 한번 만져보겠습니다, 아니! 허리가 왜 이렇게 안 좋으세요? 어떻게 견뎌내셨어요?"
"어릴 적 계모가 일을 얼마나 많이 시켰는지, 허리가 망가졌고, 결국은 철심까지 박는 수술을 하게 되었지."
"그랬군요!"
"저 어린 시절 동네에 계모 몇 분이 있었는데, 자기 자식 아닌 자식들은 일 많이 시키고 남의 집에 식모살이 가게 하고 심지어는 나이 많은 남자에게 일찍 시집보내 버리는 일도 많았어요. 어떻게 저럴 수가 있을까?" 했는데, 할머니도 고생 많으셨겠네요.
"우리 집은 밭과 논이 많은데도 일꾼을 제대로 사지 않고서 일만 많이 시키고 아버지한테는 일꾼 얻었다고 거짓말하여 그 일꾼 삯을 친딸에게 줬어. 내가 그 많은 일 해내며 죽지 않고 사는 것만 해도 감사할 일이지.

정말 그때는 지옥 같았어."

"할머니! 제가 안마 잘해 드릴 테니까, 옛날 일은 잊어버리시고 매주 와서 안마받으시면 허리가 많이 좋아지실 거예요."

옛날 생각이 났다. 나는 친엄마가 계모인 줄 알고 자랐다. 생후 5개월쯤 외갓집에 맡겨졌다. 몇 년 만에 엄마와 살게 되었는데 장사에 바쁜 엄마는 나를 방치하다시피 했고, 아버지가 생활비를 안 주니 장사라도 해야 한다며 물건을 떼러 새벽부터 장에 나갔다. 돌아오면 그때까지 자고 있는 내게 한바탕 욕을 해댔다.

어느 날은 밖에 나갔다가 돌아와서는 연탄불 위에 앉힌 냄비에 밥이 다 탔다며 "이년아, 코가 썩었냐?"면서 물 한 바가지 퍼부으면서 집 나가라고 소리 질렀다. 좀 더 크고 보니 자식은 나밖에 없는데 엄마는 나를 귀찮아했다.

엄마는 술과 밥을 파는 식당을 했는데, 손님이 있거나 없거나 욕하며 구타와 억지 트집을 잡아 까딱하면 "나가!"라며 갈 곳 없는 나를 힘들게 했다. 한번은 갈 곳이 없는데, 골목으로 나를 내쫓았다. 그때 맞닥뜨렸던 장면이 오랜 세월 두려움과 무서움으로 나를 따라다녔다.

내 등을 토닥거린 적도 머리를 쓰다듬어 준 적도 없고, 밥 차려놓고, "우리 딸 밥 먹어"라는 말을 하는 것을 한번도 들어본 기억이 없는 것 같았다.

아버지는 항상 집에 없었다. 가끔 집에 들러 엄마에게 돈을 요구했고 "돈 없다!"라고 하면 엄마에게 손찌검을 날렸다. 지금 생각하니 내 가슴도 아프지만, 엄마에게는 작고 약한 내가 한풀이 대상이었던 것 같다.

우리 집은 술 먹은 손님들로 인해 싸움이 끊이지 않았다. 유리창은 자주 깨지고 "싸우려면 나가서 싸워!"라는 엄마의 고함 소리도 잦았다. 식당 홀이 작아 홀 딸린 방까지 손님들이 차지하여 오랜 시간 화투도 치고 술도 먹으면 방을 뺏긴 나는 갈 데가 없어 옥상으로 피신하곤 했다.

엄마는 돈만 좇는 사람이라는 생각만 들었다. 오빠가 한 명 있었는데, 돈 안 벌어 오는 것조차 내게 트집 잡고, 남편에 대한 분풀이도 내게만 하니 분명 친엄마가 아니고 계모가 분명한 것 같았다.

언제까지 이런 괴로움이 계속될까? 감당하기도 벅차고, 더 견딜 수 없다고 결심했을 때도 있었다. 수업료도 제때 주지 않아 힘들었지만 학교에 가는 것이 너무 좋았다. 학교는 일종의 피난처요 도피처였다. 엄마와 분리되는 유일한 곳이었다. 학교가 파하면 즉시 집에 들어가지 않았다. 엄마가 잘 때쯤 밤늦게 들어가면 욕설은 한번 들으면 됐다. 나는 엄마의 찌푸린 인상과 욕설 속에서 자라야 하는 상처투성이 나무였던 것 같다.

어느 날 친구 집에 갔는데 친구들의 집은 그야말로 내가 생각한 이상적인 가정이었다. 가족끼리 도란도란 얘기하며 화목해 보였다. 친구 엄마는 나를 반갑게 맞아주며 학교생활도 물었고 간식도 주었다. 나도 그 친구를 우리 집에 데리고 온 적이 있었다. 친구는 왜 이런 곳에 데리고 왔냐고 화를 내며 가버렸다. 우리 집은 식당이라 홀과 방에 술 먹은 손님이 가득 찼던 모습에 적잖이 당황했던 듯하다.

지금도 엄마는 살아계신다. 대구에서 건강하게 사시는데 93살이다. 과

거에 아버지에게 많이 맞고 식당 일을 하면서 몸이 망가졌을 텐데 허리도 괜찮고 혈압도 정상이라고 한다. 다만 외출하면 자꾸 길을 잃어버리기 때문에 집에만 있거나, 주간보호센터에 가서 놀다가, 집에 오는 것이 하루 일이라고 한다.

나도 결혼하고 세월이 흘러 60이 된 나이에 돌아보니 엄마가 안타깝기 그지없다. 남편의 사랑도 못 받고, 못 배운 탓에 사랑하는 방법도 몰랐던 것 같다. 엄마도 한 여자인데 남편의 관심과 애정이 그리웠을 것이고, 앞치마 두르고 가족의 식사 준비하는 그런 삶을 펼치고 싶었을 것이다. 그러나 가정경제를 오롯이 혼자 걸머져야 했고, 대책 없이 돈 뜯어 가는 남편에다가, 자식은 먹이고 공부시켜야겠고, 시집살이 등 심신이 지쳤을 것이다.

이러나저러나 나는 애물단지였고, 엄마는 계모 아닌 계모가 되었다. 언젠가 엄마에게 "나도 이만큼 컸고, 이런 집이 너무 싫어!" "매일 손님들 싸우는 것도 너무 싫어! 술 파는 식당 그만하면 안 되겠어?"라고 물었다.

"내가 배운 것도 없고, 기술도 없고, 오직 하나 시어머니에게 술 빚는 것 배운 게 전부인데, 먹고 살기 위해 술 파는 식당을 하는 것"이라고 한다. 엄마 처지는 이해했지만 문화 혜택을 전혀 받지 못함에 억울했고 그것은 나의 깊숙한 곳에서 결핍의 기억으로 남게 되었다. 그래도 고등학교는 졸업했지만, 그때까지 책은 교과서밖에 없는 줄 알았고 사복 한 벌 없어 교복과 체육복으로만 다녔다.

스무 살 넘어 엄마에게 물었다. "왜 그렇게 나에게 모질게 대했냐고, 나는 엄마가 계모인 줄 알았다고." 그 말을 듣고 엄마는 나를 애지중지 했다고 한다. "욕설을 퍼붓고 빽 하면 나가, 라고 했지만 식당에서 일하는 중에도, 내 눈길은 항상 너를 좇았다. 술 먹는 손님들에게 희롱당할까? 험한 꼴 보게 될까봐 나가라고 자리를 피하게 했다."고 말했다.

"그래 고맙다!"

"네가 옆길로 새지 않고 가출하지 않고 꼬박꼬박 집에 들어오며 잘 자라주어 얼마나 고마웠는지 모른다."

그때서야 아! 우리 엄마가 계모가 아니었구나. 엄마가 나에게 모질게 한 행동이 시궁창 같은 환경 속에서 나를 지켜주고 사랑해 주는 엄마만의 방법이었음을 깨달았다.

옛날부터 계모인 엄마들은 전실 딸을 구박했고, 친모는 친딸인데도 미운 남편 닮았다고 구박했다. 왜 그랬을까? 지금 생각하니 계모도 친모도 다 배우지 못하고, 먹고살기 힘들어 만만하고 힘없는 자식들이 분풀이 대상이었나보다.

나의 두 아들에게 물어보면 둘 중 하나는 내가 새엄마인 줄 알았어, 라고 대답할 것 같다. 하지만 나도 내 자식들을 엄마처럼 기르지 않겠다고 다짐했다. 그런데 공부해라, 뭐 뭐 해라, 하면 들볶을 것 같고, 어떻게 해야 들볶지 않는 것인 줄 몰라 본의 아니게 방임하게 되었다. 친정엄마는 항상 두려웠고 나는 내 어린 시절이 싫었다. 엄마가 귀신보다 무서웠던 기억 때문에 나는 자식들에게 무서운 모습을 보이지 않으려고 노력했다.

친부모라도 자식에게 거칠게 대하면 계부, 계모처럼 여겨질 때도 있을

지 모른다. 부모들 자신들이 살아오며 보고 배운 대로 하다 보니 자식을 사랑하거나 훈육하는 방법이 미흡하고 제각각 다른 것이 아니겠는가?

나는 지금 재혼해서 사는데 남편에게 딸이 하나 있다. 나도 그 딸에게는 계모가 된다. 한번은 내게 딸이 아빠한테 상처받은 얘기를 울면서 하는데, 아직 엄마 죽음에 대한 아픔이 남아 있는데 아빠가 재혼한다고 했단다. 고슴도치도 적의를 품어야 가시를 세운다는데, 새엄마와 딸 사이도 본의 아니게 적이 되어 가시를 세우는 것은 아닐까? 엄마의 부재를 채워주는 새엄마가 되었으면 좋겠는데, 나는 나대로 쉽게 다가가지 못하고 딸은 엄마 생각을 지우지 못하는 그리움이 내게 '투덜됨'으로 돌아왔다. 새엄마 입장이 되어 나름대로 딸에게 신경 쓰고 간섭했던 것이 오히려 서로 오해가 되어 충돌이 일어났던 것 같다. 내가 낳지는 않았지만 잘 보살펴 준다면 언젠가는 친부모로 여겨 주지 않을까? 딸이 내게 마음을 열어 줄 때까지 기다려 주는 것이 맞는 것 같다.

경로당의 할머니에게 물었다.

"지금도 새엄마가 미워요?"

"아니야! 그래도 키워줘서 시집도 가고, 애들도 낳아서 이렇게 살잖아? 새엄마의 딸이 내게 미안했는지 자주 전화하고 몸은 어떠냐고? 아프지 않냐? 고 종종 안부를 물어줘. 새엄마는 돌아가셨지만 이복 여동생이 잘 해주니까 가슴 아픈 옛날의 기억 같은 것은 없어! 오히려 새엄마가 가끔 보고 싶을 때가 있어 지금은 행복해", 라고 하신다.

내 나이가 60쯤 되었을 때 물었다.

"엄마는 딸 하나 아들 하나뿐인데 왜 살갑게 대해주지 않았느냐고?"

"나도 너를 공부시키고 잘 키워서 시집 잘 보내고 싶었다. 술 파는 식당 하면서도 어서 식당 접어야겠다는 생각은 머릿속에서 항상 떠나지 않았어. 남들은 자식들한테 참 잘하던데, 나는 무엇이 그리 바쁘다고 아무것도 잘해준 것이 없다"라고 하면서 허탈해하신다. 이제는 다 지나간 기억이지만 엄마 얘기 들어보니 이해가 되는 것은 나도 결혼하여 살아보니 시어머니도 남편도 녹록한 사람들이 아니었다. 엄마도 싫었지만, 내 주변 사람들은 나를 괴롭히며 힘들게만 하는 사람들이었다.

눈이 너무 나빠져 장애인복지관에 드나들다 보니 자연스레 여자 시각장애인들이 눈에 들어온다. 다들 뜨개질 등 여러 가지를 배우며, 살림도 야무지고 깔끔하게 잘도 해낸다. 그분들을 보면서 눈이 안 보인다고 포기했던 것들이 떠오른다. 나는 야무지지도 못했지만 눈이 어둡다는 핑계로 바쁜 엄마를 도와주지 않았다. 그랬던 것이 더 엄마의 눈 밖에 난 것은 아닐까?

그런데 내 마음이 참 이상하다. 지난날 엄마를 원망만 했지, 엄마의 사랑을 깨닫지 못했다. 이제는 엄마가 내게 욕하고 소리 질렀던 것이 관심이었다고 생각된다.

엄마가 보고 싶다.

이제 엄마에게 장미꽃 한 아름 선물해 주고 싶다. 당신은 남편과 자식에게 평생 꽃다발 아니 꽃 한 송이 받아보지 못했지만 자식에게 최선을 다했다고. 당신은 신사임당 같았노라고. 고맙습니다!

　하늘에는 보석 같은 별들이 무수히 반짝이고 있다. 나와 우리 엄마의 상처가 별이 되어 내 마음의 보석으로 간직하고 싶다. 우리가 부르던 노래 중에 "저 별은 나의 별 저 별은 너의 별" 노래 가사가 있듯이 말이다.

　우리의 아픔이 그냥 상처로 남는다면 눈물만 남지 않겠는가! 부모도 자녀도 이 별 하나를 우리 마음에 가진다면, 살아가면서 또 다른 아픔이 오더라도 이 별 때문에 웃게 되고 사랑하게 되지 않을까.

어느 할아버지의 말씀이 귓전에서 뱅뱅

홍 순 복

2023년 추석 명절이었다. 가족들과 모든 만남이 끝나고 집안 뒷정리를 한참하고 있던 중 전화벨 소리가 들려온다. 남편이 전화 받으면서 어~어~ 두 마디의 말과 그럴까 하고는 알았어, 그러지! 하고 끝낸다. 다시 나에게 전화가 걸려온다. 여보세요 하면서 들려오는 동서의 반가운 목소리다. 형님! 얘기 들으셨죠? 오늘 갈치 잡으러 밤낚시 가자네요. 와~~ 갈치는 실컷 먹겠네요!

그때가 오후 3시 30분경이다. 우리는 바삐 움직이며 준비를 하기 시작했다. 명절에 준비한 각종 전, 과일과 과자 등을 가방에 넣고 준비했다. 남편은 "밤 낚시하려면 따뜻한 옷을 챙겨야 한다"고 말한다. 장롱문을 열고 겨울에 입는 패딩 점퍼를 꺼내어 가방에 담고 따뜻한 양말도 챙기고 이것저것 필요한 물건들을 챙겼다. 준비를 마친 후 차에 오르니 오후 6시경이었다.

서울에서 출발하는 시간과 대전에서 출발하는 시간을 고려해보니 거제도 도착시간은 거의 비슷할 것 같았다. 고속도로에 진입하니 주차장을 방불케 한다. 2시간 정도 가서 동서와 통화를 해보니 제자리걸음이라 한다. 꽉 막힌 도로를 가는데도 지루하지 않고 즐겁기만 하다. 거제도에 도착하니 밤 12시쯤 되었다. 낚시터 앞 편의점에서 만나기로 한 동서네를 기다리는 동안 편의점에 들어가 간단한 장을 보았다. 생수 몇 병과 컵라면 몇 종류의 과자 등등을 사고 기다리니 동서네가 도착했다. 동서네와 우리는 반갑게 서로 맞아주며 간단한 인사를 끝내자마자 낚시터로 향했다. 동서네가 앞장서고 우리는 그 뒤를 따라간다. 동서는 내 손을 잡고 가고, 남자들은 앞장서서 씩씩하게 걸어간다. 동서가 "와~ 이 시간에 이 사람들은 다 뭐야? 바글바글하네"라며 외친다.

우리는 마음이 들떠 피곤함도 없이 어디에 앉아야 고기를 많이 잡을까 하고 궁리한다. 자리를 잡은 두 사람은 분주히 낚시대를 세운다. 동서와 나는 휴대용 버너에 불을 붙이고 주전자에 물을 담아 끓이기 시작한다. 종이컵을 꺼내어 믹스 커피에 따뜻한 물을 부어 커피를 마셨다. 같은 커피인데 집에서 먹는 커피 맛과는 왜 다를까. 아마도 분위기와 공기의 차이인가보다. 평소에는 반도 마시지 않던 커피를 한 모금도 남기지 않고 다 마셨다.

우리의 눈은 언제쯤 갈치가 입질할까? 하고 찌를 쏘아본다. 기척이 없다. 기다리다 못한 두 사람은 또 다른 자리로 옮겨간다. 우리는 쫄래쫄래 그들을 따라간다. 방파제로 올라가서 두 사람은 나란히 서서 낚시줄을 던진다. 낚시로 잡은 자연산을 먹어보겠다는 우리는 기다림에 지치고 슬슬 피곤까지 밀려와 집에 언제 갈 것인지 시간만 물어본다. 1시간 정도 더 하더니 두 사람은 옆에서 낚시하는 사람들 곁으로 가더니 갈치 많이 잡으셨네요, 하면서 의지가 발동했는지 또다시 낚시줄을 바다 위로 휙 던진다. 그리고도 2시간 정도가 흘렀다. 지루함에다가 비도 보슬보슬 올 듯했다. 두 사람은 우비를 챙겨 입더니 우리를 힐끔 쳐다본다. 일기예보를 듣고 준비해 가지고 간 우산을 쓰고 앉아 있노라니 두 사람은 무엇인가를 속닥속닥하더니 또 다른 자리로 옮기자고 한다. 방파제를 내려와 동네가 끼어있는 바다 쪽으로 간다. 거기는 사람들이 별로 없어 한산하다. 두 사람은 자리를 잡고 낚시할 준비를 한다.

어디선가 씩씩 소리를 내면서 할아버지 한 분이 걸어온다. 말하기 좋아하는 동서는 "할아버지 안녕하세요?"고 인사를 한다. 할아버지는 어디서 왔냐고 묻는다. 동서는 서울이라고 대꾸하며 자리를 내어드린다. 할아버지는 잠깐 있다 갈 모양으로 엉거주춤 엉덩이를 붙였다.

"할아버지 여기 사세요?"라고 하니 "저기 노란 대문집이 우리 집이야! 나는 운동 삼아 아침 6시에 나와 한 바퀴 돌고 있어! 벌써 2시간째야."

동서가 할아버지 연세는 어떻게 되냐고 여쭈니 99세라고 하시더니 아 89세다, 라고 고친다. 나는 그러면 그렇지 어떻게 99세가 저렇게 씩씩해, 라고 끄덕였다. 우리는 심심하던 차에 할아버지와 이야기를 건넨다. 할아버지는 좋은 친구를 만난 듯 바로 일어날 듯한 자세를 고쳐 앉고 이야기를 들려준다.

"나는 몇 년 전에 큰 병을 앓았어요! 의사 선생께서 운동하라고 해서 이렇게 열심히 하는 거야" "그러면 식사는 어떻게 하세요?" "나는 혼자 살고 있어. 지금쯤 집에 가면 요양보호사가 와서 밥을 하고 있을 거야." 우리가 물어보지 않았는데 할아버지께서 우리 아들 며느리들이 이 근처에 다 살고 있다고 한다. 우리는 안도의 숨을 내쉬며 "그런데 왜 혼자 사세요?" 하니 "그게 편하다"라고 하는 말씀이 너무도 세련되게 들렸다. 며느리들이 반찬을 해서 주지만 요양보호사가 해주는 반찬이 더 맛이 좋아서 며느리들에게 반찬을 해오지 말라고 했단다. 며느리들을 편하게 해주려는 마음이 엿보였다.

할아버지께서는 이제 가야 한다며 "갈치는 밤에만 잡히는 거야. 밝아지면 갈치는 다 사라져" 하시며 일어난다. 그래서 다른 분들도 짐을 챙기시나 보다. 우리는 체념을 하고 휴대용 버너에 불을 켜 물을 충분히 끓여 컵라면을 먹기로 했다. 가져간 음식들을 펼쳐놓고 패딩점퍼에 겨울 점퍼들을 두툼히 입은 우리는 추운 줄도 모르고 보슬비를 맞으며 맛있게 먹었다. 그래도 아쉬운지 바다를 한번 쳐다보는 남자들은 서로를 쳐다보며 아무런 말이 없다. "우리 이제 밥을 먹었으니 통영으로 갑시다. 여기까지 왔는데 현지 음식을 먹고 가야 하지 않을까?"라고 하니 똑같이 좋다, 라고 응답한다.

아침 식사를 할 만한 곳을 찾아다니다 보니 추어탕집에 불이 켜있었다. 이 시간에 밥을 먹게 해주는 것에 감사할 뿐이다. 문을 열고 들어간 우리를 아주머니가 반갑게 맞아준다. 추어탕을 시켜놓고 기다리는 중에 한 팀이 또 들어온다. 사장님이 추어탕을 가져오시며 "보아하니 갈치낚시를 하러 오신 것 같은데 많이 잡았어요?" 라고 하니 웃기만 한다.

식사를 마치고 나오니 옆에 로또방이 보였다. 이럴 때는 로또 한 장을 사는 거야! 라고 하면서 모두 로또 파는 곳으로 들어갔다. 각자 한 장씩을 사며 이 네 사람 중 누구 하나라도 맞으면 똑같이 나누어 가지는 거야, 알았지. 서로 차에 타며 동서는 쪼르르 내게 달려와 창문으로 "형님, 로또 맞으면 꼭 연락해야 돼", 나는 "동서도 마찬가지야"라고 응대한다.

머릿속에 맛있는 갈치는 도망가고 로또의 여운을 남기며 통영을 향해 달려간다. 2시간 정도 걸렸다. 장날인지 사람들이 아주 많았다. 거북선 모형이 있는 곳에서 주차하는데 오늘은 어디에 세워도 주차비를 받지 않는다고 한다. 두 사람의 표정에는 싱싱한 갈치는 다 사라지고 주차비 안 받는 것에 대해 기쁨이 서린다. 시장을 돌아보고 수산시장 안에 들어가니 여기저기 식당이 있어 들어오라고 다들 소리를 외친다. 아무 곳이나 들어가 회를 실컷 먹어볼까, 하고 갔던 기분도 잠시, 메뉴판을 본 두 사람이 우리를 잡아끌고 나온다. 이유를 모르는 우리는 왜? 왜? 하며 따라 나온다. 바가지도 이만저만이지 너무 심하다고 하며 차에 타라고 한다. 미식의 고장인 통영 음식을 먹어보겠다고 한 사람들은 그 마음이 싹 사라진 듯 가면서 휴게실에서 먹자고 한다.

올라가는데 피로감이 몰려온다. 이틀 밤을 자지 않았다. 휴게실에 들려 메뉴를 고르면서 "그래 가격이 이래야지!" 하면서 메뉴 중 제일 비싼 것으로 선택한다. 밥 먹고는 곧장 집으로 향한다. 등의자를 눕히고 나니 갈치도, 로또도 피곤 속에 사라지고 있었다.

노랑풍선을 타고

최 유 순

삶의 자유를 찾고 싶었다. 노랑풍선을 타고 3박 4일 일정으로 일본 여행을 계획하고 비행기 표를 예약했다. '24년 12월 20일 새벽 5시 30분 대전 정부청사 터미널에서 인천공항 버스를 타고 출발이 예정되어 있었다. 여행을 떠난다는 것만으로 행복했다.

하지만 인생이 어찌 뜻한 데로만 흘러가는 게 있었던가?

아뿔싸! 난감한 상황이 벌어졌다. 나의 직장인 경로당 안마파견사업에서는 우리랑 1년씩 계약을 맺는데 면접시험이 12월 20일 10시로 갑자기 발표되었다. 면접에 참석하지 않으면 불합격이라고 한다.

논산에 사는 친구와 나. 그리고 큰딸과 함께 떠나는 일본 여행이다. 노랑풍선여행사에서 모집하여 패키지로 가는 후쿠오카 여행이었다. 아무리 가고 싶은 여행이라도 내 나이에도 직장이 우선이었다. 고민 끝에 270만 원 손해를 보고 여행을 포기하려고 했다.

딸아이는 모처럼, 힘들게 계획한 여행이기에 다른 방법을 찾아보자고 아이디어를 제시했다. 전국에 있는 공항을 다 검색해보니 대구공항에서 20일 오후에 출발하는 비행기 표를 찾았다. 대전에서 오전에 면접을 마치고 급히 대구로 가면 그 비행기를 타고 후쿠오카에서 합류하는 방법이었다.

12.20일 오전 10시에 첫 번째로 배려해준 덕분에 면접을 마치고 오후 2시에 대전역에서 친구와 큰딸을 만나 동대구로 가는 KTX를 탔다. 동대구역에서 내려 곧바로 택시를 타고 대구공항으로 갔다. 오후 5시 30분에 출발하는 비행기다. 드디어 일본 여행길에 올랐다.

후쿠오카 공항에 도착했다. 칠흙 같은 밤인데다 일본의 거리는 가로등도 별로 없었다. 캄캄한 도시였다. 딸아이가 네비게이션으로 골목골목을 찾아 우리 일행이 묵고 있는 '유후인' 호텔에 도착하여 일행과 합류하게 되었다. 그때가 밤 11시였다. 딸아이가 없었으면 일본 여행 갈 엄두도 못 냈을 것이다.

다음날 여행은 유후인 호텔에서 나와 야나가와를 보고 후쿠오카를 보는 일정이었다. 정말 일본은 화려하게 꾸미지 않고 소박한 도시, 절약의 나라였다. 보이는 모든 것이 조그맣지만 섬세해 놀라울 정도로 본받을 만한 점이 있었다.

하지만 물가는 너무 비쌌다. 저녁을 먹기 위해 제법 유명하다는 회전초밥집에 찾아갔다. 가게 문 앞 의자에 앉아 1시간 반 동안이나 기다려 드디어 우리 차례가 되어 안으로 들어갔다. 비좁은 자리에 셋이 앉았다. 빙글빙글 돌아가는 초밥을 골라서 조그마한 접시에 담아 먹었다. 2시간 가량 입에 들어가는 건 별로 없는 기분이었고 접시만 산처럼 쌓였다. 정말 별난 세상에 온 기분이 들었다. 우리나라의 푸짐한 먹거리와는 완전히 달랐다. 역시 우리나라가 최고라고 느꼈다. 해외에 나가봐야 애국자가 된다더니 그 말이 새삼 실감 났다. 일본은 먹을거리는 많아도 풍족하게 먹지는 못하는구나, 하는 생각이 들었다.

다음날은 유후인에서 야나가와를 거쳐 후쿠오카를 보는 여행이었다.

아침 일찍 일어나 시내 가까이에 있는 아름다운 씨사이드모모치 해변으로 갔다. 호텔식으로 아침 식사를 간단히 마치고 첫 코스로 일본의 베니스라 불리는 야나가와 뱃놀이를 보았는데 너무 인상적이었다. 조그만 배에 10명씩 태우고 광대처럼 꾸민 뱃사공 장단에 맞춰 30분 정도 강을 한 바퀴 도는 관람 코스였다. 찬바람이 볼을 때리는 겨울 추위가 얼마나 매섭던지 몸은 움츠러들었지만 기분은 참 상쾌했다.

모든 여행이 다 그렇지만 버스 타고 내리고 걷는 것이었다. 여행은 날씨가 반이라는 말이 있듯이 여행 내내 일기가 불순하여 눈보라도 치고 추워서 덜덜 떨고 다녔다. 숙소에 들어와서 몸을 좀 녹이려고 했으나 다다미 방이라서 정말 추웠다. 이불을 겹겹이 덮어도 추위가 가시지 않았다. 여행을 많이 가 보지 않는 탓인지 내 집 따뜻한 안방이 그리웠다.

역시 집 떠나면 고생이다. 그러나 나의 마음속에는 많은 추억거리가 담겼다. 출발부터 파란만장한 일본 여행이었다. 하지만 한 폭의 멋진 풍경화가 내 마음에 추억으로 담겼으니 내 인생에 잊을 수 없는 또 하나의 발자취로 회상되리라. 이제 편안한 마음으로 또 다른 여행을 꿈꾸어 본다.

괴산 산막의 옛길 여행

길옥순

 지난해 6월 어느 날의 추억을 떠올려 본다. 노란 미니버스 '붕붕이'는 하얀 수건을 달고 설레임과 호기심 가득한 표정으로 달렸다. 차 안은 잔치 분위기였다. 누군가 가져온 예쁜 과일 컵이 차 안을 한 바퀴 돌더니 이어 따끈한 계란이 여기저기서 톡톡 터진다. 목적지는 아직 멀었는데 차 안에는 도착이나 한 것처럼 노래방 선율이 흘렀다. 잠시 열기를 식혀야 한다며 아이스박스가 개봉되는데 와! 하고 탄성을 질렀다. 뜻밖에 아이스크림 파티가 열렸다. 모두에게 시원한 행복을 전해 주는 아이스 '엔젤'이다.

 뒤쪽 자리에서는 인삼 막걸리로 브라보를 외쳤다. 점점 흥이 오르고 어느새 목적지에 도착하였다. 괴산 산막의 옛이름이라는 표지판이 우리 일행을 반겨주었다. 이제부터는 도보 여행이다. 좁은 오솔길에 녹색의 푸르름을 지붕 삼아 장막을 두른 듯 병풍처럼 펼쳐지는 그 길을 오르락내리락하며 걷는다.

오래된 출렁다리는 조심조심
머리 위에 소나무는 구부렁구부렁
앉은뱅이 약수에서 입술 한번 축이고
구비구비 돌아가니
풍성한 점심 밥상이 어서 오라고, 쉬어가라고 기다리고 있었다.

여기저기서 〈위하여〉 소리 드높이는가 싶었는데, 이윽고 발걸음은 선착장을 향한다. 은빛 물보라를 가르며 뱃놀이를 즐기는 여유로움을 만끽한다. 아쉬움 가득 안고 괴산호여 안녕이란 인사를 건넨다.

다시 노란 붕붕이는 추억의 노래를 열창하며 발길을 돌리는데 그래도 남은 해가 아쉬워 잠시 옆길로 들어서니 저녁노을과 바람결에 출렁이는 대청호의 드넓은 명상의 정원이 나타났다. 천천히 거닐며 오롯이 생각에 잠겼다. 노을에 밀려오는 바람 냄새, 옅은 노을의 빛무리, 윤슬은 반짝거렸다. 괴산 산막길 여행에서 돌아오는 길에 얻은 뜻밖의 선물이었다.

5월의 여행

김 재 심

　언제나 그랬듯이 해마다 5월이면 우리 자매들은 함께 여행길에 오른다. 도착지는 제천 동생의 집이고, 모여 출발한다. 자매들은 만난 지 얼마 지나지 않아도 다시 만나면 또 새롭다. 할 말이 없는 것 같아도 만나면 말이 많다. 자매들이 남과 다른 점은 바로 이런 것인가 보다.
　첫날은 충주시 호반에 있는 활옥동굴 안으로 들어갔다. 오싹할 정도로 차가웠다. 5월이라 약간 더위를 느꼈는데 이 동굴의 매력은 냉장고 속으로 들어가는 듯, 시원했다. 동굴 속에는 호수 같은 곳이 있었다. 세 명이 탈 수 있는 노 젓는 카약을 타고 지나다 보니 철갑상어와 이름을 기억할 수 없어도 배만큼 큰 물고기가 있다는 말이 인상적이었다. 그러나 물고기는 보이지 않았다. 아마 물고기도 우리들의 들뜬 소리에 깊이 숨어들어 갔으려나.
　즐거운 시간을 함께 보낸 우리 자매는 시장에 들어가 유명하다는 돼지국밥집에서 저녁을 먹고 제천 동생 집으로 갔다. 저마다 가져온 짐을 정리하고 우리는 다시 한 이불 속에서 수다를 떨며 잠이 들었다.

다음 날 우리는 경기도 파주시에 있는 화담숲으로 갔다. 올라갔다 내려온 시간까지 3시간이 걸렸다. 이것으로 이틀을 마무리하고 마지막 날 코스는 경기도에 있는 아침 고요 수목원으로 갔다. 걷다가 쉼터에 있는 넓은 대청마루에서 잠시 쉬었다. 방금 청소해 놓은 듯한 반들반들한 마루가 흐트러짐 없이 정결하다. 그야말로 옛날 대갓집 모습인 듯 정겹다.

우리 자매의 행복한 오월의 여행은 끝이 났다. 우리는 내년 이맘때도 다시 만나 오늘 같은 시간을 가지면서 남은 인생을 알차게 보내고 싶다.

용서

조 남 수

사람은 누구나 태어나면 자기만의 생을 살아갑니다.

사는 동안에 수없이 부딪히는 경계 앞에서 용서를 받아야 할 일, 용서를 해야 할 일이 생깁니다. 우리 앞에 닥친 문제를 욕심 때문에, 자존심 때문에 용서하지 못하는 일들을 주변에서 많이 보았습니다.

작은 것을 용서하지 못하면 큰일이 생긴다는 옛 어른의 말씀이 있습니다. 내가 철이 없던 젊은 날이었습니다. 산에 오를 때 중턱 근방에서 꽃 한 송이 눈에 띄었습니다. 그 꽃이 너무 아름다워 꺾어 들고 상상봉에 올라갔습니다. 시원한 바람에 지친 몸을 달래며 긴 숨을 한번 쉬는데 아래를 보니 아름다운 꽃들이 여기저기 눈에 보였습니다.

중턱에 꺾은 꽃이 저의 손에서 미소를 주었지요.

꺾은 꽃에 취해 32년간 벌이 되어 꿀을 따느라 쉬지 않고 일했습니다. 벌은 날아다니다 이꽃 저꽃 다른 꽃에 앉다 보니 꽃에 빠져 32년을 돌아다녔습니다. 내 나이 52는 백지로 돌아가고 나는 아이를 낳지 못한 죄로 아들을 입양했습니다. 이혼을 하자는 말과 함께 시어머니는 아들을 데리고 떠나던 날 눈물이 장맛비처럼 쏟아져 밤을 꼬박 새웠습니다. 인생은 맘대로 살아지는 것이 없구나. 그래도 숙려기간이 있다 하니 기다려보자 했는데 다른 사람과 혼인신고를 했단 말이 들려왔습니다.

 어떻든 살아야 했기에 정신을 차리고 새로운 일을 했습니다. 살다 보니 혼자 사는 것도 익숙해지고 아들은 2년 재수를 시켜 대학을 졸업하게 되었습니다. 어머니는 아파트에서 지내시고 나는 사업을 하며 남부럽지 않게 살았지요.

 재혼하라는 권유가 많았지만 어머니가 계시니 망설이다 시간만 흘러갔습니다. 그런 세월이 10년이 흘렀습니다. 환갑을 넘겼는데 남편이 찾아와 어머니께 지난 날에 대해 용서를 비니 어머니는 남자는 그럴 수도 있으니 생각해보자 하시더군요. 그 말씀에 나는 깊이 생각을 많이 했습니다.

 지나간 일보다는 앞날의 희망을 그려보고 싶더군요.

 그래, 32년을 잃은 인생을 찾자. 신혼을 2번 가지는 내 삶이라 생각하자. 남편은 나에게 사랑한다는 말은 안 했지만 그의 눈빛은 말보다 더 중요한 믿음을 주었어요. 2번의 신혼은 25년으로 영원히 끝났습니다. 그래도 나의 어머니는 98세까지 사위 딸과 함께 살다 떠나셨지요. 돌이켜보니 내 인생에 제일 잘한 일은 돌아온 남편의 잘못을 용서해서 받아들인 것 같습니다.

 잠깐의 실수는 병가지상사라 했어요. 지난날을 생각하면 도저히 용서할 수 없었는데 돌아보면 나를 살린 용서인 것 같습니다. 지금 하늘에서 남편이 내려다보고 있을 테지요. 다시 하늘나라에서 반갑게 재회할 날을 기약하면서 오늘도 열심히 살아갑니다.

내 삶에 깊이 개입해 주신 하나님의 은혜

구복희

남편을 만나기 훨씬 전부터 남편과 성경책을 들고 함께 교회에 다니면 좋겠다고 생각을 하였습니다. 특별한 이유는 없었습니다. 그런데 믿음의 가정에 시집을 와서 약 50년 이상을 온 가족이 함께 하나님을 예배하는 자로 살고 있음에 그저 감사할 뿐입니다. 결혼 후 초등학교 교사였던 남편을 따라 부여 외산에 살면서 성탄절, 부활절 등 특별한 날에만 작은 시골 교회에 출석하였습니다. 대전으로 발령이 나면서 비로소 문창동에 있던 감리교회에 입교하게 되었습니다.

당시 가난한 셋방살이의 서러움과 건강 장애아였던 4살 된 아들, 1살 된 딸을 키우며 몸도 마음도 너무 힘들었습니다. 하나님이 어떤 분인지 몰랐지만 그저 의지하고 싶었던 갈망이 컸던 때였습니다. 지금도 잊을 수 없는 건 담임목사께서 자전거를 타고 다니시며 항상 우리 집에 들렀을 때 저는 겨우 대접해 드렸던 게 초코파이 하나였습니다. 그분은 그 위에 손을 얹고 간절히 기도해 주었고, 주머니에서 집히는 대로 아들에게 용돈을 주었습니다. 그리고 항상 관심과 사랑을 쏟아부어 주셨던 것이 저에게 큰 위로가 되었습니다. 그 일로 인해 저는 하나님의 사랑을 느끼며 믿음이 되고, 소망이 되었습니다. 조금씩 주님을 알아갔고, 김 목사님, 이 목사님, 지금의 윤 목사님에 이르기까지 늘 관심과 사랑의 빚을 지니고 있습니다. 그때는 보답할 것이라곤 그저 '기도' 밖에 없었고, 그렇게 사무치는 기도를 하다 보니 어려운 일을 당할 때마다 꿈이나 환상을 통해 소망을 바라보게 하는 하나님의 은혜를 경험했습니다.

남부교회에 출석한 지 2년이 지났을 때 여선교회가 둘로 나뉘면서 하나의 여선교회 회장으로 임명되었습니다. 당시 남부교회는 정확하지는 않으나 약 300명 이상의 성도가 출석하는 대형교회였습니다. 그런데 아무것도 모르는 초신자를 임원으로 임명한 것에 은혜를 갚는다는 심정으로 열심히 하리라 다짐하였습니다. 그런데 첫 회의를 소집한 날 단 한 명도 참석하지 않아 너무 서러워 엉엉 소리 내며 울며 기도했던 기억이 납니다. 그때 하나님이 말씀하시길 '새신자로 생각해라'는 음성을 듣게 되었고, 신기하게도 그것이 내 마음에 큰 위로와 힘이 되어 한 분 한 분 관계를 맺으며 힘겹게 1년을 섬겼습니다. 2년 차 때 남부교회의 오래된 권사님 가정의 자녀가 서울에서 이사를 오면서 그 일을 넘겨주게 되었습니다. 그 밑에서 힘껏 도우며 비로소 여선교회의 많은 일에 대해 배울 수 있었습니다. 지금 생각하면 이 집사와의 깊은 인연으로 봉사와 섬김의 은혜를 누릴 수 있었음에 감사할 뿐입니다.

하나님의 많은 만지심이 있었지만 또 하나를 고백하자면, 제 아들은 건강 장애로 수시로 길을 잃어버리고, 주변 아이들의 놀림거리였습니다. 자전거를 무척 좋아했는데 잃어버리고 돌아올 때도 많았습니다. 아들을 위해 정말 울면서 기도를 많이 했던 것 같습니다. 어느 날 교회에서 기도할 때, '믿고 기도해라. 이루어지리라.'는 말씀을 너무 선명하게 들려주셨고, 즉시 집으로 달려와 달력을 찢어 '믿고 기도해라, 이루어지리라.'는 글씨를 써 붙여놓고 힘들 때마다 그것을 쳐다보며 기도하였습니다. 힘든 순간마다 그것을 쳐다보며 기도하면 흔들림 없이 붙잡아 주심을 느꼈고, 제 삶의 꿈이요, 힘이 되었습니다. 기도하며 잃어버린 아들을 찾고, 잃어버린 자전거를 찾고, '아들을 축복하는 자를 내가 축복하고, 아들을 비난하는 자를 내가 심판하리라'는 약속까지 주시며 지금까지 제 아들을 의의 길로 인도해주고 계심에 감사드립니다.

저는 이제 제2의 인생을 살고 있습니다.
평소 성도들의 '일천번제' 헌금을 보며 나도 '가난한 과부 두 렙돈'의 심정을 담은 일천번제 헌금을 드려보는 것이 소원이었습니다. 그러나 꾸준히 정성을 드린다는 것이 엄두가 나지 않아 미루고 있다가 8~9년부터 정성을 다해 일천번제 감사 예물을 드리고 있습니다. 지금까지는 그저 은혜와 사랑에 감사해서 '감사'의 마음으로 드렸다면 이제 100번 남짓 남았는데 지금은 간절히 소망하며 기도하는 것이 있습니다. 죽는 날까지 하나님 말씀을 읽고 묵상하며 하나님과 친밀하게 교제하고 싶습니다. 그래서 "성경을 읽을 수 있도록 시력을 보전해 주세요. 하나님의 일하심을 경험할 수 있도록 해주세요." 하면서 기도하고 있습니다.
사람들은 저를 착하다고 인정하지만 사실 제 마음에도 하나님의 자녀로 본이 되고 싶은 마음이 커서 스스로 노력을 많이 합니다. 저는 소망합니다. 그들에게 공개적으로 전도하는 것은 금지되어 있지만 하나님을 사랑하고, 믿는 저의 모습을 보며 그리스도인에 대한 인식이 달라지기를 소원해 봅니다.

"네가 믿는 하나님께 나를 기도해줘."라는 고백이 여기저기서 생기기를 기대하는 마음으로 오늘도 하나님의 곁으로 조금 더 가까이 가고자 합니다.

고마워 이빨아!

양 경 화

어느 여름날 녹음이 절정이었다. 매미 소리와 이름 모를 풀무치 소리가 넘쳐났다. 후덥지근한 날씨에 식욕마저 없어 별생각 없이 딱딱한 견과류 하나를 씹었다. '딱'하는 둔탁한 느낌으로 갑자기 천둥 치는 소리와 함께 아랫앞니 한 개가 빠져버렸다.

깜짝 놀랐다. 오복 중의 하나인 치아가 휑한 공터만 남기고 한순간에 사라진 것이다. 당황하였지만 한편으로는 이제 나이도 있으니 그런 것이라고 스스로 위로하였다. 한편으로는 달콤한 맛을 즐긴 대가라고 생각하니 지나간 세월이 후회되었다.

옛날 노래에 '짜증을 내어서 무엇 하나 성화는 바쳐서 무엇하나 속상한 일도 하도 많으니 놀기도 하면서 살아가세'라는 민요 한 가닥을 떠올리며 마음의 평정을 찾았다. "이빨아 그동안 수고 많았고 고맙다." 조각난 치아를 손바닥에 놓고 마지막 떠나는 감사의 인사를 해주었다.

나는 곧바로 아내와 함께 집 근처 병원을 찾아 진찰과 함께 상담을 받았다. 의사 선생님은 굳이 임플란트를 고집하면 해드리겠지만 노령이고 잇몸이 좋지 않으므로 틀니로 하는 것이 좋겠다고 한다. 그동안 고가의 임플란트만을 고집하였던 나였기에 적잖이 실망스러웠다. 집에 돌아온 후 아내는 그러한 상황을 자식 내외한테 사정을 이야기했다. 며칠이 지난 후 며느리에게서 전화가 왔다. "아버님 치아는 임플란트가 아닌 틀니로 하여야 한다"고 하는 게 아닌가.

도대체 이게 무슨 소리야, 비용이 많이 들어서인가. 지난날에는 비용 걱정하지 말라면서 임플란트로 해주었건만 서운한 마음만 가득 찼다. 이런 마음을 아내가 며느리에게 말했는지 매주 한 번 퇴근하면서 들렸던 며느리의 모습은 오간 데 없이 사라져 버렸다.

그 후에 알게 된 일이지만 며느리는 친한 지인으로부터 대학병원의 치과 교수에게 상담했는데 나의 잇몸이 좋지 않아서 임플란트보다는 틀니로 가는 것이 옳다는 조언을 들었다는 것이다. 이제야 며느리의 바른말을 새삼 깨닫게 되었다. 순간 나는 부끄럽고 미안한 마음이 차오름을 느끼게 되었다. 어느 날 아내는 며느리에게 틀니를 하기 위해 곧 치료에 들어간다는 이야기를 며느리에게 해주었다고 한다.

그러던 중 지난 주말에는 아들과 며느리 그리고 손자 손녀들이 애완견 솔이와 함께 예전처럼 집을 찾아 주었다. 이게 얼마 만인가? 점심과 저녁까지 먹고 귀가할 때 며느리는 아버님의 병원 비용도 하고 필요한 곳에 쓰라고 하면서 현금 카드 하나를 손에 들려주었다.

나는 아니야. 나 돈 있다고 하면서도 카드를 받아 챙겼다. 어이쿠! 내가 이렇게 생각이 깊고 착한 며느리를 몰라보고 황소고집 부리다가 큰 코 다쳤네. 밴댕이 속 같아서 미안할 뿐이었다.

틀니를 하기 위한 검사가 시작되었다. 사전 진찰 시에는 앞니 중 상태가 안 좋은 것들을 포함하여 3개를 하기로 하였으나, 검사해보니 반대편 임플란트 부분도 오래되어 선별하여 발치 하는 걸로 하니 최종 6개로 늘어났다. 처음에는 기분이 좋지 않고 당황하였지만 받아들이기로 하였다. 치료를 위하여 마치 우등고속버스 안락의자 같은 데서 한껏 뒤로 제치고 깊숙이 편한 자세로 눕혀졌다. 곧바로 얼굴에 덮게 천으로 씌우더니 한껏 입을 벌리게 했다. 발치가 시작되었다, 의사 선생님은 코로만 숨을 쉬라고 말하였지만 나는 그것이 무척이나 힘들어서 꿀컥 또 꿀컥 치료 과정에서 생기는 물을 삼키고 말았다. 힘들었지만 참아야만 했고 고통의 시간은 계속되었다. 아픔도 경험이다, 나에겐 인생의 자산이다, 라고 속으로 외치면서 참고 또 참았다. 남들도 그럴까? 나는 병원 치료 중에 치과병원을 제일 싫어하는 편이다.

발치 하면서 나이 들어감에 잃어가는 것이 정말 많은 것 같다. 그래도 잃지 말아야 할 소중한 가치를 배웠다. 나의 이빨은 사라졌어도 나에게 우리 가족의 깊은 사랑을 일깨워 주었다.

사랑받기 위해 태어난 사람

정 미

　자기야, 연합회에서 감사 후보자를 등록하라고 문자가 왔네. 그런데 안마협회는 연합회보다 총회를 더 빨리하는데, 안마협회는 감사 후보자 등록하라고 왜 문자가 안 오지?
　"무슨 헛소리하는 거야? 벌써 문자가 왔는데." 나에게는 왜 문자가 안 오지? 내가 못 봤나 하고 말하니 "헛소리하지 말아라" 하며 남편이 나를 나무란다.
　나는 고운 말로 물어보는데 돌아오는 말은 험한 소리다. 말이라는 몽둥이로 나를 때릴 때가 많다. 나는 외로워서 재혼했는데 우리의 대화는 두 번 오고 가지 못한다. 이것은 약과다.
　이대로 사는 것이 옳은 것인가? 매번 내 마음이 갈팡질팡한다.
　남편은 광주 출신이다. 옛날에 어떤 목사님이 자신이 광주의 초등학교에 다닐 때 애들 끼리 말하는 것이 욕으로 시작하여 욕으로 끝나니까, 선생님이 욕을 한번 할 때마다 표를 주어, 하루에 표가 제일 많은 애가 대표로 맞았다고 한다. 이 목사님은 30대까지도 맞아 봤다고 했다. 그 후 목사님은 욕하는 것이 고쳐졌다고 한다.

　남편과 이야기 하면 내가 잘못해서 그런지 몰라도 첫 대화가 언어폭력으로 튀어나온다. 그냥 이 사람은 말 표현이 이렇게 거칠 뿐이라고 생각하면서도, 나도 한 번씩 터질 때가 있다. 이런 상황 때문에 우리 부부는 자주 싸운다. 나는 약시이고, 남편은 인공 눈으로 살고 있으며 빛도 느끼지 못한다. 각각 다른 방에서 남편은 소설을 듣고, 나는 성경을 듣는다.

　남편 방에 베개 껍데기를 벗겨 세탁하려고 들어가는데 잠깐이라 불을 켜기 좀 그래서 그냥 들어갔다. 불을 켜지 않은 방은 정말 한 발자국도 옮기기가 두려웠다.

　그때 깨달았다. 아~하! 20대까지는 시각이 정상이었지만 그 후 실명한 남편에게는 온 세상이 이렇게 칠흙 같이 어두울 텐데, 몇십 년을 칠흙 같은 세상을 어떻게 견뎌 왔을까? 그 즉시 내 마음의 화는 눈 녹듯 녹아내렸다. 얼마나 힘들었을까? 죽고 싶은 마음이 하루에 12번도 더 들었겠고, 비참한 마음과 이렇게 사는 게 사는 것인지, 왜 살아야 하는지, 무엇을 위해 살아야 하는지, 얼마나 번민하며 여기까지 왔을까? 이 컴컴한 방에서 나는 눈물이 찔끔 났다.

　약시인 나도 갑갑하고, 무섭고, 한 발자국 잘못 내디디면 낭떠러지인지, 돌이 있는지, 어떤 날은 잘 걸어가다가도 트럭에 부딪힐 때가 있고, 시궁창에 빠질 때도 있고, 세워놓은 오토바이하고 같이 넘어질 때도 있다. 그런데 남편은 칠흙 같은 저 눈으로 이때까지 살아 온 것이 대단하다. 이제 남편이 하는 모든 말과 행동을 이해할 수 있을 것 같다.

　하나님이 비를 내려 주는 것은, 내 남편 때문에 흘리시는 눈물이 아닐까 싶다. 그래 하나님도 남편의 모든 것을 품어 주시는데, 내가 이해하지 못할 것이 무엇이 있을까? 이제 모든 것을 감사함으로 받아들이자. 그럴 수밖에 없고, 짜증낼 수밖에 없고 원망할 수밖에 없는, 남편의 인생을 내가 보듬어 사랑해야겠다.

내가 다니는 교회에 휠체어 타고 다니며 눈이 안 보이는 여자분이 있다. 그분도 말이 험하다. 한번은 내게 "기도를 왜 그렇게 못하냐?"며 내 별명이 깡통이라고 한다. 참! 어처구니가 없었다. 봉사자가 저 사람은 열 손가락이 있지만 두 손가락밖에 사용하지 못한다고 한다. 숟가락, 젓가락질을 할 수 없어 점심때 자기들이 먹여 줘야 하고, 그렇지 않으면 빵으로 때워야 한다고 한다.

나는 열 손가락 다 쓸 수 있고 두 다리로 걸어 다닐 수 있고 빛도 볼 수 있는데, 이 사람은 대학교 때 교통사고로 시각도 잃고, 다리는 마비되어 휠체어를 타고 다닌단다. 그 말을 들으니 또 내 마음이 아파왔다

그 사람에게 다가가서 우리 밥 한번 먹자고 하니 대뜸 "사줄 거야?"라고 한다.

그럼 "사줄게요."

"그럼 보쌈 먹으러 가자. 나 상추쌈 먹고 싶어!" 난감했다. 나도 보이지 않는데, 쌈 싸서 이 사람 입에 넣어 줄 수 있을까?

"알았어, 갑시다." 무조건 대답했다.

"그럼 휠체어 들어가는 식당이 어디야?"

그 사람이 휠체어 출입이 가능한 식당을 말해준다.

"그럼 장애인 콜택시 타고 와!"

나도 '장콜' 타고 가서 둘이 만나, 수육을 싸서 입에 넣어주니 맛있다고 웃으며 잘 먹는다. 그리고 나한테 미안하다고 한다.

"깡통 아니야 미인이라고 부를게." 그렇게 얘기한다.

"내 얼굴 예쁜 것을 어떻게 알아?"라고 물어보며 우리는 한바탕 웃었다. 가슴이 뿌듯했다. 눈이 보이는 사람에게 나의 안 보이는 눈으로는 어설퍼서 절대 쌈을 싸주지 않지만, 이 사람에게 고기 한 점에 된장을 조금 넣은 상추를 접어 입에 넣어 줬더니 너무 좋다고 하니 보람이 있었다. 미운 마음은 간데없고 좋은 친구가 되고 싶었다.

또 한번은 내가 논산협회 회원으로 있을 때였다. 언니 한 분이 내가 돈을 훔쳐 갔다고 했다. 다른 회원한테 물어봤더니 상습적으로 그렇게 하여 회장한테 돈을 받아내곤 했었단다. 미웠다. 그런데 그 언니가 화장실을 찾아 더듬거리고 있었다. 어디냐? 소리도 지른다. 미운 마음에 뒤돌아서려다가 나도 더듬거리면서 화장실을 찾아 앉혀주었다. '누구냐?'고 묻길래 말하지 않을까 하다가 '정미'라고 하니 '고맙고 미안하다' 한다. 참 세상은 미워할 수 없는 사람이 많다. 정말 이 사람들은 사랑받기 위해 태어난 사람들이다. 나중에 나도 어떤 어려움에 있을지 모르니 예쁜 말과 행동만 하고 짜증은 내지 말아야겠다.

나는 요즈음 시각장애인복지관에 출근하다시피 하는데 우리 동료들과 프로그램을 하며 대화할 때, 그들을 세워주려고 내가 부족한 것을 자주 드러낸다. 그러면 그들은 "그것도 모르느냐?"고 으스댄다.

내가 중국집에서 "팔불출 먹고 싶다"라고 말하면 그들은 "어~이구! 팔보채거든!" 그러면 나는 "이~야! 똑똑하네~ 최고네!"라고 하면서 그들을 치켜세워준다. 그러면 그들은 만족해하며 한마디 더 한다.

"항상 2% 부족해."

"맞아 그러니까 그대들이 2% 채워줘!"

이렇게 우리는 아픔을 잠깐 잊고 한바탕 웃는다.

우리 시각장애인들은 다 더듬거리며 다닌다. 마음이 아프다. 저분들 누구한테든 어디서든 사랑 많이 받고 살았으면 좋겠다. 다치지 말았으면 좋겠다. 우리는 정말 사랑받을 수밖에 없고, 사랑받기 위해 태어난 것 같다.

커피 수업이 끝났다구요

홍 순 복

언제나 즐겨 먹기에 쉽게 생각하는 커피다. 오늘도 커피포트에 스위치를 넣고 물을 보글보글 끓인다. 나름대로 취향대로 만들어 마시는 커피인 줄 알았고 카페에 들어가서 주문만 하면 나오는 커피인 줄만 알았다. 하지만 종류도 다양하고 여러 가지 맛을 낸다.

커피 수업을 받는 커피 공간에 가기 위해 가벼운 발걸음을 옮긴다. 그 공간에서 일어나는 일들은 너무 즐겁고 설렌다. 일주일의 일정을 보자, 월요일은 손뜨개 수업, 화요일은 자존심과 존재감을 자부하며 일하는 날, 수요일은 글쓰기를 배우는 날, 목요일은 긍지와 인내심으로 열심히 일하는 날, 금요일은 커피 수업받는 날이다.

드디어 금요일이다. 이날은 예쁘게 옷을 차려입고 커피 공간으로 가는 날이다. 입구에 들어서면 여러 명의 교육생과 선생님들, 그리고 우리의 교육을 담당하시는 선생님이 계신다. 우리는 외투를 벗고 가벼운 옷차림으로 각자 커피 머신 앞에 서서 자기의 취향대로 여러 가지 순서에 맞춰 커피를 만든다. 마지막으로 장착을 한 다음 시간을 맞추어 놓고 두 개의 커피잔을 받쳐 한 방울씩 떨어지는 커피를 바라보며 머릿속으로는 시간을 잰다. 마음에 드는 시간 안에 커피가 완성되면 속으로 기뻐하며 자랑스럽게 생각을 한다. 선생님의 도움을 받으며 점점 더 맛있는 커피를 만들어 간다.

내가 마실 커피를 예쁜 커피잔에 옮겨 담고 잔 받침대 위에 올려놓는다. 각자 자리로 돌아가 우아하게 앉아 커피를 마시며 담소를 나눈다. 일주일 동안 있었던 일들과 각자 자랑하고 싶은 이야기들과 또 다른 모습으로 조잘조잘 대며 누가 제일 맛있는 커피를 만들었을까? 하고 서로 조금씩 나누어 마셔본다. 우리는 누가 뭐라 해도 본인이 만든 커피가 제일 맛있다고 여긴다. 그 커피는 어느 카페에서도 먹어보지 못한 맛이다. 과연 내가 만들어서일까!

우리는 커피 공간에 모여 아쉬움과 섭섭한 마음으로 수업을 시작했다. 오늘은 커피공간의 종강 수업이다. 선생님들과 교육생들은 쫑파티를 하자며 어떻게 하면 멋있게 할까? 하고 여러 사람의 의견을 들어본다. 조금 멀리 나가서 우아한 곳에 들어가 하자는 사람도 있고 가까운 곳에 가서 맛있는 식사를 하자는 사람도 있었다. 결론은 커피 공간 안에서 시켜 먹기로 했다. 사실 안 보이는 사람들과 여러 명의 선생님이 움직이기에는 여러 제약이 따른다. 선생님의 추천으로 맛있는 음식을 시켜놓으니 커피공간은 순식간에 음식점의 분위기로 바뀐다. 먹을 때는 조용히 해야 한다고 누가 말했던가? 먹는 소리 외에는 아무 소리도 안 들린다. 그 시끄러운 소리는 어디로 갔을까? 어느 정도 먹었는지 슬슬 이야기가 나오기 시작한다. 누군가가 "그럼 우리 언제 만나는 거야? 커피는 또 언제 하지"하고 말하니 선생님이 말씀하신다. 내년에 다시 편성하여 더 좋은 모습으로 수업을 하겠다고 하는데 약간의 아쉬움이 서려 있는 것 같다. 우리는 다시 이 수업이 시작되면 불러 달라며 선생님에게 요청해 본다. 선생님은 끄덕끄덕 알겠다고 하지만 우리는 반은 믿고 반은 믿지 않기로 했다.

아쉬운 마음과 내년에 다시 만날 희망을 안고 각자의 삶터로 떠나간다.

"시각장애인이 커피를 내린다고요, '네'.

내 속으로 희망의 샘물이 흐르기 시작한다.

중독은 무서운 거야!

최유순

2023년 5월쯤 누군가에게 권유를 받아 '토스'와 '캐시워크'를 다운로드 받아 취미를 붙여 시작했다. 돈이 되는 것은 아니지만 재미가 있었다. 스무 명 남짓 친구들도 만나고 공원을 돌고 새벽 5시부터 열심히 뛰어다녔다. 막내 사위의 끔찍한 교통사고가 6월 중순에 있었는데 그 슬픔 중에도 열심히 거의 미친 듯이 토스와 캐시워크를 찍으러 돌아다녔다. 일수 아줌마가 시장을 다니며 일수 찍듯이 말이다.

어느덧 1년이 넘게 하다 보니 중독이 된 듯했다. 중독이 얼마나 무서운 말이겠는가. 노름 중독자가 화투 끊겠다고 손을 자르면 무릎으로 화투장을 비비고 무릎을 자르면 나중엔 입으로까지 비빈다는 말이 있다. 무슨 중독이든지 중독은 참 무섭다. 사람만 있으면 토스하자고 하니 민망스럽기도 하고 내가 생각해도 좀 이상해진 듯했다. 그만둬야지 그만둬야지 하면서도 결단이 잘되지 않았다. 아까운 시간을 낭비하고 있는 것 같아 어떻게 끊을 것인지 계속 고민만 하고 있었다. 이런 나를 보고 소탐대실한다고 남편한테서 싫은 소리를 여러 번 듣기도 했다. 그러나 소득은 있었다. 어쨌든 1년여 동안 그것에 빠진 결과 30만 원 정도가 나의 계좌로 들어온 것이다.

하지만 진취적인 것에 시간을 써야 하는데, 점점 마음 깊은 곳에서는 진실의 소리가 들려왔다. 마침내 기회가 찾아왔다. 2024년 7월 7일(일요일) 막내딸 식구가 점심을 같이하자고 우리 집을 방문했다. 때는 이때 다 생각하고 딸에게 "엄마가 이제는 토스와 단절하고 싶으니 잔고정리하고 토스 앱도 삭제해 달라고" 부탁했다. 드디어 토스와 결별하고야 말았다.

막상 정신 빠질 정도로 뛰어다닌 일 같은 취미를 끝내니 어쩐지 시원하기도 섭섭한 마음이 든다. 한동안 몰두함으로 고민거리를 잊을 수 있었고 즐거웠던 일도 있었는데 말이다. 어쨌든 홀가분하다. 무거운 짐 하나 덜어버린 셈이다. 우리는 인생을 살아가면서 때로는 과감한 결단과 실천을 해야 하는 일도 있어야 한다. 이 나이에 그런 결단을 해준 나에게 고맙다는 말을 전하고 싶다.

잘 가라 토스야, 그동안 고마웠다. 하지만 이제는 헤어지자꾸나. 바이바이!

뜬봉샘에 가다

길옥순

오늘은 뜬봉샘 탐방일이다. 뜬봉샘은 전북 징수군 장수읍 수분리에 위치한 신무산 8부 능선에 자리하고 있는 금강의 발원지이다. 뜬봉샘이라는 말은 봉황이 뜬 자리 또는 날아오른 자리라고 해서 이름 지어졌다고 한다.

오전 여성회 수업을 마치고 복지관 근처에서 함께 출발할 동료들과 간단히 점심을 먹고 시민대학으로 향하였다. 그곳에서 '대전학' 강의를 하시는 교수님과 만나 두 대의 승용차로 전북 장수로 향하여 출발하였다.

한쪽 차에는 일반인 수강생들이 탑승하고 다른 차에는 시각 장애인과 안내자가 탑승하였다. 한 시간 조금 지나 장수읍 수분리 근처의 용계마을 회관에 먼저 도착하였다. 화장실 가려고 마을회관으로 들어갔는데 그곳에서 만난 할머니 세 분에게 뜬봉샘 간다고 말씀드리니 길 안내를 해주신다며 요리조리 가라고 알려주셨다. 덧붙여 말하면서 날씨가 더우니 잠시 쉬어가라고 한다. 시골 인심이 여전히 살아있다.

도착한 일행과 합류하여 다시 차로 이동하는데 산길이 조금 험하였다.

승용차로 이동하기는 무리인 듯하였다. 그래도 조심조심 봉수대까지 올라갔다.

시민대학 교수님께서 우리들이 시각 장애인이라 것을 고려하여 차로 이동이 가능한 곳까지 안내해 주신 것이다. 덕분에 반 이상은 수월하게 올라왔다. 그래도 나머지 올라가는 길이 가파른 산길이라 나에게는 힘든 길이었다.

등산용 지팡이를 챙기지 못한 것을 후회하면서 어렵게 도착한 목적지는 생각보다 초라했다. 하지만 조그만 웅덩이에 보일 듯 말듯 조심스럽게 떨어지는 물줄기는 엄청 시원하였다. 우리 일행은 그곳에서 사진도 찍으며 나름대로 인증샷을 남겼다. 뜬봉샘의 유례가 적혀있는 내용도 읽어보고 잠시 쉬었다가 이동을 한다기에 수분리 공소에 가보고 싶다고 하였다. 교수님께서 흔쾌히 좋다고 해 일행 모두는 100여 년 전의 종교 탄압이 있었던 역사적인 장소를 방문하게 되었다.

교수님께서는 짧게나마 수분리 공소에 대하여 설명을 해주셨다. 병인박해가 시작되면서 전국의 천주교 신자들은 이 마을로 피난을 와서 살았다고 한다. 경건하고 숙연해지는 마음을 담아 잠시 기도를 하고 주변을 둘러보았다. 오늘날 이토록 자유로운 종교 생활을 할 수 있는 것은 먼저 가신 선조님들 덕분이라는 것을 잊지 말아야 하겠다는 생각이 든다. 수분리 공소를 뒤로하고 다시 이동하여 수분령이라는 곳으로 갔다. 이곳은 장수와 남원의 경계를 이루는 고개이다. 그곳에 물이 남쪽으로 흐르면 섬진강으로 들어가고 북쪽으로 흐르면 금강으로 들어간다고 하셨다.

나는 아무리 둘러봐도 물이 보이질 않아서 물은 어디에 있냐고 물었더니 비가 내리면 그렇다고 한다. 비가 내리면 양쪽 모두 물이 흐르는 것이 아닌가, 라는 생각이 드는데 이곳은 특별한 의미가 있는가 보다.

아직 가봐야 할 곳이 많으니 건강 관리 잘 해야 한다며 또 만나자는 인사를 뒤로하고 우리 일행은 그곳에서 교수 일행과 헤어져 대전으로 돌아왔다.

작은 물방울이 모여서 실개천이 되고 실개천이 모여서 개울물이 되고 개울물이 모여서 큰 강물을 이루고 큰 강물이 되어 바다로 가는 진리는 영원할 것 같다. 우리가 살아가는 길도 그럴 것이다. 수분리에 내린 비는 남해로 서해로 가더라도 끝내 바다라는 곳에서 합류된다. 물길처럼 나도 그렇게 흘러가고 싶다.

인생의 때

조 남 수

봄, 여름, 가을, 겨울을 사계절이라 말하지요. 우리 사람에게도 사계절이 있더라구요.
태어나면 봄이고 30대 40대가 되면 여름
50대 60대가 되면 가을이 아닌가요.
70대가 되면 직장에서 퇴직하고
나라에서 연금을 주며 노후대책으로 들어가니
겨울로 들어선다고 생각해보았습니다.
선생님, 아우님들 인생의 삶에서 어느 때가
가장 좋은 땐지 알고 계신가요
지금 아우님 때, 겨울이 오기 전 이때입니다.
모르고 지나갈까 봐 지금은 가을이라고
알려드리려 급하게 써봅니다.
힘도 능력도 자랑할 만큼 남아 있는 이때
미모도 늙지도 젊지도 너무 보기 좋을 때지요.

꿈도 아직은 꿀 수 있어요.
기회가 다 가기 전에 이 겨울이 오기 전에
마음껏 즐기세요.
당신은 나이만큼 늙은 것이 아니라
당신의 생각만큼 늙는 것이라 하였습니다.
노력 없이는 이루어지지 않는다 하였거늘
우연은 10% 노력은 90%
인생은 아무리 건강해도 세월은 못 당하는 것
아우님들 지난 세월 돌아보면 힘든 날도 많이 지나셨지요.
사계절을 살아 온 언니가 말합니다.
찬 바람 더운 바람 온몸으로 체험을 했습니다.
아우님들은 겨울을 지나는 마음을 모르실 겁니다.
모든 짐 내려놓고 나를 돌아볼 수 있는 때가 돌아오고 있어요.
지나간 날 고생은 누구를 위한 고생이 아니라
나를 낳아 주신 부모님을 위한 보답이었고
내 자식을 위한 고생은 마땅한 의무였고 남을 위해
고생한 것 없으니 행복한 고생을 한 거지요.
남은 삶은 내 주위 사람들과 좋은 생각 좋은 말 나누며
부모님이 살아 계시다면 못다한 효도 가족을 위해 살아온
남편에게도 당신이 있어 행복하다는 말을
자주 쓰면 24시간이 행복하실 겁니다.
좋은 생각이 머리에서 가르치나 마음에서

잘못한 때가 있었지 않았나, 남의 잘못은 눈에 보면서
내 잘못을 모르고 지나지 않았나
나이가 무엇인지 자주 떠오르네요.
기회가 가기 전에 뜻이 있다면 꿈을 이루시길 바랍니다.
옛말 중 이런 말이 있죠
모든 것은 마음이 만든다.
자신을 이기는 것이 큰 승리라고
세월이 마냥 있는 줄 알고 아끼지 않고 쓰다 보니
아쉬워한들 무슨 소용이 있던가요
하루하루 소중하게 멋있게 쓰시라고
선배 언니가 또 말합니다.
'나도 작가다' 수업에서 인생 마무리를 멋있게
이름을 남기세요.

인생을 살아본 동료로부터

시각장애인들의
나를 치유하는 글쓰기

3부 달이 낳은 별들

달이 낳은 별들

정 미

"아들 조금만 참아! 여기 화장실로 들어가. 아들 잘 참네! 이쁘네! 응가 해 봐!

아들 뽀뽀! 아들 몇 살이야? 나 3살!

우리 아들 똑똑하네! 누구 아들이지? 엄마 아들!"

공중화장실에 다른 사람들도 있는데 아기 엄마는 3살쯤 되는 아이에게 응가를 시키면서 뽀뽀까지 하니 화장실이 야단났다. 조금 넘친다 싶었다. 불현듯 나의 두 아들 키울 때가 생각이 났다. 나는 시각 장애인이라는 판정을 받고 난 후 결혼을 못 할 줄 알았는데 교회에서 청년을 만나 결혼을 했다. 장애가 있어 애기를 못 낳을 줄 알았는데 임신을 하니 너무 좋았다. 내가 선천적 시각 장애인이라 애기에게 유전되지 않을까? 기쁨도 잠시 이내 염려스러워 마음과 얼굴이 어두워졌다. 애기를 낳았지만 어떻게 길러야 할지 걱정이 앞섰다. 나는 냄새도 못 맡았다. 나는 이중 장애자다. 지금 생각해보니 아이가 3~4살 때 짜장면 냄새가 난다고 했다. 그때서야 나는 냄새라는 게 있다는 것을 알게 되었다

멍청하게 처음 깨달았다. 결혼하고 애기를 낳았으니 잘 먹여서 키워야 하는데 시부모님은 멀리 있고 친정 엄마는 일하러 다니고 남편은 잦은 출장근무로 아이를 키우는데 큰 도움이 되지 못했다. 애는 나 혼자 키워야 했고 막막했다.

어느 날 아기가 자꾸 설사했다. 나는 이유를 모르고 병원에만 데리고 다녔다. 내가 냄새를 못 맡았고, 아기는 삼복더위에 낳는데 냉장고가 없어, 모든 음식을 조그마한 찬장에 보관했다. 냄새를 못 맡으니 물이 쉰 줄도 모르고, 우유를 타 먹였으니 계속 설사를 한 것이다. 설사하면서도 애는 커갔고 1년 뒤 냉장고를 사게 되어 모든 음식은 냉장고에 넣어 먹여 더 이상 큰 탈은 없었다.

생각해보니 하나님께 감사할 수밖에 없었다. 장애가 있는 엄마 밑에서 주변 여건도 안 좋은 상태에서 큰 사건 없이 잘 자라준 아이들에 그저 감사할 뿐이다.

나는 눈이 안 보여 동화책도 제대로 읽어주지 못했고, 먹을 것도 제대로 챙겨주지 못했다. 장애 때문에 힘들어서 그런지 애정도 메말라갔다. 큰아들이 3살 때 공중화장실에서 소변을 누이고, 손을 씻을 때 아들이 거울의 작은 글씨를 보고 "엄마 거울에 별이 많이 있어!" 라고 했던 기억이 떠올랐다.

내가 보니 거울에 뭔가 있는데 잘 보이지 않았다. 사람들이 몇 명 있어 창피해서 그게 무슨 별이야 글씨 같은데. 아기는 "엄마 무슨 글씨인데?"라고 물었다. "조그만 게, 아직 몰라도 된다"라며 핀잔을 주고 무시했다.

또 작은 아들이 태어났을 때 우유를 먹이는데 손, 발에 오돌토돌 솟은 것이 있었다. 그래서 그런지 애가 열이 나고 있었다. 나는 재빨리 엄마에게 전화해서 함께 병원에 갔다. 의사 선생님이 태열이라면서 "좀 더 빨리 오시지! 심하다"고 한다.

선생님 제가 눈이 안 보여서 늦게 발견했다고 했더니 조그만 약병을 주었다. 그걸 애기에게 먹였는데 애가 토하고 난리가 났다. 출장 갔다 온 남편이 "애가 왜 열이 나고 토하냐?"고 물었다. "병원에서 가지고 온 약을 먹였는데 왜 그러지?"하고 반문했다. 그러니 남편이 약병을 보았다. 남편은 바르는 것이라고 쓰여 있는데, 왜 먹였느냐며 서로 놀랐다.

큰일이었다. 내 눈이 어두워 애를 죽이는 것은 아닌가? 나 자신에게 화가 나고 무서웠다. 하나님께 기도했다.

"내 무지함을 용서해주시고 내가 눈이 어두워 애를 죽였다는 소리, 장애가 왔다는 소리를 듣지 않게 해주세요!"

다행히 아기는 한 번만 토하고 잘 자고 일어났다. 자라는 동안에는 간혹 장염이 걸리기도 했지만 그런 문제로 크게 고생하지 않았다.

아기 엄마가 아이와 다정한 말과 따뜻한 눈길을 주고받을 때 희망의 별들을 주고받음을 깨닫게 되었다. 나는 내 아이들의 정서조차 헤아리지 못하고 인색했구나! 나의 어두움만, 나의 아픔만 생각하고 어린아이의 꿈을 뭉겨 버리고, 짓밟았구나!

하늘에는 다양한 꿈들이 떠 있는데 그 꿈들을 갖지 못하게 했구나!

이제 우리 아이들은 30살이 넘었다. 늦지는 않았을까? 늦었지만 달이 낳은 별의 이야기를 해 주고 싶다.

우리의 상처가 별이 되어 어두운 밤에, 절망적인 밤에 더 빛을 발한다는 것을! 먹구름이 작은 샛별들을 가리지 않기를 소원해 본다.

남동생을 보내고 나서

홍 순 복

 운식아 너는 무엇이 바빠서 그렇게 갔니? 너를 보고 온 지 3일도 되지 않았는데 운명했다는 소식을 들었다. 날벼락도 유분수지, 허탈하고 한동안 마음의 갈피를 잡지 못했다. 마지막 면회였을 때 너의 귓전에 대고 우리는 서로 이야기했었지, 이제 일상으로 돌아와 차 한잔을 앞에 놓고 너와 내가 살았던 지난 일들을 돌아본다.
 내가 초등학교 5학년 때였나 봐. 학교에서 돌아오면 엄마는 너를 내 등에 업혀 밖으로 내보냈다. 엄마는 국밥을 파는 식당을 운영하였기에 늘 바쁘셨다. 동네를 몇 바퀴를 돌다 보면 너는 어느새 내 등에서 새근새근 자고 있었지. 나는 집으로 돌아와 너를 눕히고 숙제하기 위해 책가방을 풀며 "엄마 나 숙제 좀 할께요"라고 할라치면 숙제가 다 끝나기도 전에 엄마는 일을 도와달라며 나를 불렀다. 어느 날 빨리 나가려다 아버지의 재떨이를 발로 차 엎어버렸다. 아버지는 눈 뜨고도 못 보는 당달봉사라며 야단을 치셨다. 그 불호령 소리에 엄마도 들어와 내 등을 한 대 치시며 같이 야단을 치곤 했다.

철이 들어 생각해보니 친아버지라면 그렇게 말할 수 있었을까? 내가 두 살 때 운수업을 하던 친아버지는 돌아가시고 엄마는 두 살이 된 나를 데리고 외갓집으로 갔다. 그곳에는 외할머니와 외삼촌들이 함께 살고 있었다. 엄마가 너무 젊었기에 외할머니는 재혼 자리를 알아보시며 다시 결혼을 권유한 것이다. 여러 상대가 있었으나 지금의 아버지를 선택하여 엄마는 네 살 된 나를 데리고 갔는데 언니, 오빠와 나보다 한 살 어린 여동생이 있었다. 엄마는 나보다 어린 동생을 키우기 위해 어쩔 수 없이 나를 다시 외가로 보냈다.

나는 늘 신작로를 바라보며 엄마를 기다렸다. 돌멩이 의자에 앉아 엄마가 언제 올까? 하고 기다리면 어느새 해가 넘어가곤 했다. 할머니는 나를 부르시며 '귀둥이'가 '천둥이'가 되었다며 내 손을 꼭 잡고 집으로 데리고 들어갔다. 그리고 몇 년 후 초등학교 입학을 위해 엄마와 아버지는 나를 데리러 오셨다. 나는 엄마가 왔다는 게 너무 좋아 엄마 손을 잡고 할머니를 두고 따라나섰다. 집으로 가 보니 모르는 여동생과 남동생이 둘이나 생겼다. 나는 나보다 한 살 아래인 여동생과 같이 입학했다.

3학년 초봄에 외가가 있는 충북 제천으로 전학을 갔다. 외가와 학교의 거리는 나의 걸음으로 1시간 거리가 되는 먼 거리였다. 그러다가 형제들이 있는 단양 초등학교로 다시 전학을 갔다. 어떻든 배움의 과정을 마치고 나는 홀로 객지 생활로 접어들게 되었다. 엄마의 지인으로부터 소개를 받아 서울에 있는 모 직장으로 취직이 되었다. 그러다가 지금의 남편을 만나 사귀던 중 남편은 나를 부모님께 소개시켜 주었다. 처음으로 어머님 아버님을 보는 순간 인자한 모습과 화목한 그 집안의 분위기가 너무 좋아 보였다. 그 이후로 남편과 나는 더 가까워졌고 어머님과 아버님께서는 결혼을 어서 하라고 말씀하셨다. 친정에서도 엄마는 어서 결혼 하라고 했다.

첫 아이를 낳고 몇 년이 흘렀을 때 시부모님께서는 남편에게 나를 데리고 안과를 가보라고 하였다. 유명하다는 안과에 가서 검사했더니 의사 선생님께서는 혀를 끌끌 차며 왜 이제 왔느냐며, 너무 늦었다고 하면서 아무것도 해줄 것이 없다고 돌아가라고 하였다. 등 뒤에서, 더 나빠지지 않게 관리하라는 말을 전했다. 남편의 허탈한 모습을 지켜보면서 무거운 발걸음으로 돌아오니 별의별 생각이 들었다.

그 이후로 어머님은 눈에 좋다는 것은 민간요법으로 다해주시고 아버님께서는 정육점에 가셔서 소의 간을 사 오셨다. 그러면서 정육점에다가 새로 들어오는 소의 간은 무조건 우리에게 달라고 부탁해 놓기도 했다. 그리고 또 아버님께서는 내가 안 먹을까 봐 도마와 칼을 들고 내 앞에서 직접 소의 간을 썰고는 거기에다가 소금과 참기름을 듬뿍 묻혀 내 입에 넣어주었다.

"아버님 제가 먹을게요"라고 말은 했지만 너무 먹기가 어려웠다. 여러 노력에도 불구하고 시력이 점점 더 나빠지니 나는 삶을 포기하려고 한 적이 몇 번이나 있었다. 운명인지 그럴 때마다 실패로 돌아갔다. 남편은 눈물을 흘리며 미안하다며 나에게 위로의 말을 했다.

힘든 시간은 흘러갔다. 지금의 나는 행복하다. 아들 둘은 다 결혼하고 분가해 마음이 홀가분해졌다. 그런데 너만 우리 곁을 조용히 떠날 준비를 하고 있었구나.

사랑하는 동생 운식아! 부디 여기 일이랑 잊어버리고 하늘나라에서 잘 살렴. 한 번씩 지난날이 새록새록 회상되는 날이면 너에게 안부 인사를 띄워보마.

내 뜨락에 드리운 보물

최유순

여기까지 걸어온 발자취에는 힘든 시간도 있었다. 하지만 행복한 시간이 더 많았던 것 같다. 사람들은 누구나 생각의 차이가 있고 각자의 모습대로 기준을 정하며 세상을 살아가고 있다. 우리 곁에는 힘든 삶을 버티게 하는 보물들이 있다. 세상 부모 다 그렇겠지만 시각장애를 겪고 있는 나로서는 얼마나 아름답고 귀한 것인지 말로 형용하기 어렵다.

나의 기억의 시간을 거슬러 올라가 본다.

1979년 8월 보물 1호 출산.

1981년 4월 보물 2호 출산.

1983년 3월 보물 3호 출산.

"둘만 낳아 잘 기르자"는 캠페인을 펼치고 있는 시대에 공주를 셋이나 출산했으니 무식한 엄마로, 시대에 뒤떨어진 엄마로 서러움을 많이도 받았다. 그 시절 버스를 타든 택시를 타든 셋을 데리고 가면 눈치받기 일쑤였고, 모자란 엄마로 은근히 손가락질을 받았다.

한 치 앞을 모르는 세상사가 아니던가! 현재 우리나라는 저출산으로 대한민국의 앞날이 어두움으로 변하는 시대 아닌가. 나는 시대를 미리 읽고 공무원 박봉에 시달리면서도 세 딸을 낳고 열심히 키웠다. 그랬더니 지금은 반짝이는 꽃가마를 타는 모습이 된 것이 아니겠는가. 엄지 "척" 할 일 아닌가?

세월이 흘러 이 보물들은 초등, 중등, 고등. 대학을 졸업하고 직장을 찾고 짝을 찾아 하나, 둘, 셋 내 곁을 떠나갔다. 그 이후로 나에게 더 예쁘고 빛나는 별빛 같은 보물을 여섯이나 안겨 주었다. 이리 보아도 저리 보아도 내 사랑 아니던가? 눈에 넣어도 아프지 않다는 말이 실감 난다.

사파이어, 에메랄드, 진주, 다이어. 이런 것보다 훨씬 더 반짝이는 나의 보물이다. 어디에 이렇게 예쁜 게 있을 수 있나, 바라만 보아도 빛이 난다.

과학이 발달하고 문명은 발전했지만 세상은 너무 험하고 악하다. 이 험한 세상에 나의 보물들을 어떻게 지켜야 하나. 또한 이들이 살아가야 할 이곳은 경쟁이 너무 치열해 두렵다. 요즘 나의 과제는, 기도 제목은 이 보물들이 빛을 잃지 않도록 지키는 방법은 무엇일까다.

누구 아는 사람이 있나요? 답은 없는 것 같다. 물 흐르듯이 순리대로 살아보면 길이 있을 거라고 믿어본다. 내일은 또 새로운 태양이 또 떠오를 테니까.

신동엽 문학관을 다녀왔어요

구복희

  글을 쓰고 싶어 '나도 작가다'라는 수업반에 들어왔다. 이 수업에서는 문학관 탐방 프로그램이 있다. 올해는 부여에 있는 신동엽 문학관으로의 야외 수업이었다. 탐방일을 앞두고 몸이 아파 포기하고 싶은 마음도 들었지만 나를 일으켜 세웠다.

  부여는 나의 시집이 있는 곳이다. 그 땅을 밟는 것부터 뭔가 알고 있다는 생각에 마음이 편안하였다. 먼저 부여 부소산 나루터로 갔다. 기다리고 있던 해설사님이 고구려 신라 발해의 삼국 이야기며 백제 의자왕, 삼충신, 계백장군, 낙화암과 백마강의 유래 등을 맛깔스럽게 이야기해 주었다. 어린 날 역사 시간을 복습하는 느낌에 흥미롭고 재미있었으며 내가 알고 있다는 생각에 신이 났다.
  나를 도와줄 도우미가 없다는 것 때문에 늘 주눅이 들고 두렵기도 했지만. 작가 선생님이 팔을 내주셔서 얼마나 또 고맙고 편안했는지. 부여 역사에 관한 설명을 듣고는 최고의 맛집으로 소문 난 집에서 점심으로 극진한 대접을 받고 커피숍에서 팥빙수까지 곁들였다. 모두가 행복하게 나누는 대화는 참 즐거웠다.

사실 신동엽 시인의 삶과 시에 대해서는 알지 못했다. 오늘 탐방은 큰 공부인 셈이다. 그분은 1930년~1969년까지 부여에서 태어나서 부여를 사랑하고 귀중히 여기며 이곳에서 꿈을 키웠다. 부모님의 사랑과 관심 친구들을 귀하게 여기시며 최고 격동기를 사신 분이다.

한국전쟁 일제시대 독재 정권 등 극한 고난을 겪으면서도 평화를 이야기했고 살기 위해 탈영을 하고 끝내 간암으로 고통의 시간을 보내며 죽음을 생각했던 시인이지만 평화를 끊임없이 외치고 시 속에서 주장하며 행동으로 보여주며 사셨던 작가였기에 존경스럽다. 단편 소설로 등단을 했지만 장편 시로 읽히고 인정받으신 분이다. 자연을 사랑하였고 시인들이 알고 싶은 분, 세상을 바로 보며 꿈을 꾸던 분이시다.

공동체를 귀중히 여기셨기에 동료에게 한글도 가르치고 작가들에게 전시실도 공유하고 공연도 할 수 있도록 그 기념관을 마련한 것이 인상적이었다.

1,800점 유작을 남기고 대표작으로 '산에 언덕'에 '금강'이라는 대작 등을 남겼다. '껍데기는 가라'는 기득권자들의 눈총을 받아 수난을 겪기도 했지만 뜻을 같이한 창비 출판사의 끊임없는 노력으로 좋은 작품을 남기게 된다. 나중에 교과서에 그의 작품이 실리게 되면서 빛을 보게 되었다. 붉은 황토색 벽 붙박이 책장에는 유작들이 잘 정리되고 우리 일행 여

러 명이 앉아 안내인의 설명을 하나도 빠지지 않고 듣는 내내 모두가 진지하였다.

문학관 건물은 참 특이하였다.「산의 언덕에」시를 모티브로 건축했다고 한다. 건축은 동양철학과 자연을 접목했다는 이야기를 듣고 감탄했다. 우리 일행은 옥상 잔디밭에서 이어지는 생가를 따라가며 많은 공부를 하였다.

이번 탐방을 통해 시인은 꿈을 꾸고 생각의 깊이를 탐구하는 사람이라는 것을 배웠다. 그분을 보지는 못했지만 수 없이 지우고 다시 쓰며 한 편을 글을 완성하는 모습에 존경심이 우러나왔다. 나도 저렇게 글을 쓸 수 있다는 희망을 품은 것이 이번 문학관 탐방이 나에게 주는 교훈이다.

내변산을 찾아서

장은혜

 매달 둘째 주 토요일은 효자손 안마 봉사단원이 모이는 날이다. 열일곱 명이 아침 일찍 모여 조회를 하고 A조와 B조로 나눠서 9시부터 안마를 시작하였다. 어르신들께 안마해 드리고 11시 30분쯤 마치고 가까운 식당으로 갔다. 점심을 먹고 나서 차를 마시고 있는데 단장이 말한다.
 "이번에 내변산으로 산행할 계획인데 마침 계룡시 국립공원에 근무하시는 모 팀장님께서 버스 한 대를 후원해 주시고 봉사자 세 분이 동행합니다."
 단장은 시각장애인연합회 어울림 산악회 회장도 맡고 계시기에 이번에는 어울림 산악회 팀들과 효자손 안마봉사단원 중에서 갈 수 있는 사람 40명을 선착순으로 뽑는다고 하셨다. 우리 부부는 단원으로서 신청하였다.

 우리는 내변산의 내소사를 볼 수 있는 기회로 들떠 있었고 꽃구경도 한다기에 설렜다. 전날 평소 보다 일찍 잠을 청했고 당일 아침 5시 20분에 눈을 떠서 갈 준비를 했다. 바쁘게 움직여 복지관으로 갔으나 거의 꼴찌나 다름없었다. 모두 반갑게 인사를 하고 즐거운 마음으로 도시락도 받고 간식도 받았다.

산행코스는 실상사를 거쳐 직소 폭포에 갔다가 A팀은 내소사를 향해 내려가고 B팀은 주차장으로 되돌아와 내소사에서 만나기로 했다. 아침 날씨는 조금 쌀쌀했지만 그래도 산행하기에는 아주 좋았다. 8시 30분에 출발하면 거의 3시간가량 걸린다고 한다.

나는 평소 오래 서 있거나 조금만 걸어도 허리에 통증이 너무 심한 편이라 미리 걷는 운동을 매일 조금씩 했다. 자신감으로 직소폭포를 향하여 걷기 시작했다. 걸을 때마다 옆에서 시원하게 흐르는 물소리가 들렸고 가로수는 양옆으로 나란히 줄지어 우리를 반기는 것 같았다. 조금 더 올라가니 누군가가 커다란 진달래 나무 한 그루에 한 송이 꽃만 외롭게 피어 있다고 했다.

그 말을 듣는 순간 이 커다란 나뭇가지에 제일 먼저 박차고 홀로 피어있다는 것은 그만큼 강한 힘과 의지가 담겨있고 한편으로는 지나가는 사람들에게 활력을 주고 아름다움을 주기 위해서가 아닐까, 하는 생각이 들었다.

계속 가다 보니 멍석이 깔려 있고 흙길에다 자갈이 고르게 깔려 있지 않아 조심해야겠다고 생각했다. 걸음을 재촉하는데 대나무들도 많았고 맑은 물소리가 크게 들려 옆을 쳐다보니 남편과 언니가 똑같이 "여름이라면 내려가서 시원하게 발이라도 담갔으면 참 좋겠다"라는 것이었다. 그러나 "나는 물소리는 좋지만 물에 트라우마가 있다"라고 한마디 거들었다. 시원한 바람과 함께 물소리와 새들도 한몫하듯 지저귀고 있는 아름다운 풍광이 너무나도 좋았고 힘이 들어도 보람은 있었다.

잠시 후 실상사에 도착했다. 해설사가 우리를 기다리고 있었다. 조용한 가운데서 열심히 들었다. 실상사는 전라북도 기념물 제77호로, 직소폭포로 가는 길에 천황산과 인장봉 사이에 자리 잡은 사찰이다. 신라 신문왕 9년 689년 초에 스님이 처음 지었고 조선 시대에 효령대군이 고쳐 지은 것이라고 한다. 고려 시대에 제작한 불상과 대장경 등 소중한 유물들을 간직한 유서 깊은 절이고, 대웅전과 나한전, 산신각 등이 있었으나 1950년 화재로 모두 불타 터만 남아 있다가 최근에 복원이 이루어지고 있다고 했다. 절터에는 3개의 부도가 남아 있으며 그중 2기는 종 모양의 부도로 상태가 비교적 좋다고 한다.

실상사 주위에는 미선나무와 호랑가시나무가 유명하다고 하면서 미선나무는 물고기나 새들 꼬리를 본떠 만든 부채 모양을 닮았다고 해서 붙여진 이름이고, 호랑가시나무는 천연기념물 및 환경 멸종 위기 야생생물 2급으로 지정되어 보호받는다고 하셨다. 덧붙여 부안지역은 호랑가시나무 군락이 자생할 수 있는 북방한계선으로 식물분포학상 가치가 높아 천연기념물로 지정되어 있다고 한다.

다시 우리는 땀을 흘리면서 열심히 걸었다. 그런데 난관에 부딪혔다. 전방에 울퉁불퉁한 돌계단이 몇십 개가 있다는 거였다. 거의 2km 넘게 힘들게 왔는데 포기해야 한다니 너무 아쉬웠다.

하지만 나는 고관절 수술을 한 다리가 불편해서 도저히 올라갈 자신도 없고 안전을 위해 되돌아가자고 했다. 그런데 모 팀장이 남편한테 도와줄 테니 같이 올라가자고 부추겼다. 두 사람이 가는 걸 보고 나는 내려와서 점심을 먹고 한참을 기다려도 내려오지 않았다. 오후 1시가 되고 2시가 되도록 소식이 없어 애타게 기다리는 도중에 전화가 걸려왔다. 남편이 안 보인다는 것이다. 아니 모 팀장님과 같이 갔는데 무슨 말이냐고 물었지만 모른다고 했다. 연락이 안 되니 전화 한번 해보라는 거였다. 전화하니 마침 통화가 되어 어디냐고 물어보니 "팀장이 자기를 봉사자에게 인계도 하지 않고 5명을 찾으러 간다"고 가 버렸단다. 혼자 벤치에 앉아 있는데 마침 친한 동생이 내려가다 멈추고 "형님 왜 안 가고 혼자 앉아 계세요?" 하면서 오길래 반가운 마음에 팔을 잡았더니 내소사를 향해 내려가자고 했단다. 인솔자도 없어 내려가는데 산길이 온통 돌로만 되어 있다 보니 너무 험한 산이라 걱정이 앞섰다고 했다.

동생은 약시인데 형하고 같이 내려가기가 부담스러웠을 것이다. 조심스럽게 내려가다가 웅덩이에 동생이 먼저 빠지고 남편은 한쪽 다리만 빠졌다고 했다. 지나가는 사람이 그 모습을 보고 안타까워 100미터 정도를 동행해 주었다고 했다. 얼마나 위험해 보였는지 옆에 있는 나뭇가지를 꺾어 지팡이를 만들어 주어 그나마 안전하게 내려왔다고 한다. 약시와 전맹 둘이서 3km가 넘는 산길을 내려왔으니 얼마나 고생이 많았을까 하고 상상해 보니 정말 아찔한 상황이었다.

모두 버스에 올라타고 앉아 있는 상태에서 인원 체크를 끝내고 단장님께서 말씀하시는데 내색은 안 했지만 얼마나 속앓이를 많이 했겠는가? 하고 그의 마음을 되새겨보았다. 단장이 처음부터 인솔했으면 별 탈이 없었을 텐데 타인에게 맡겨서 인솔하다 보니 이런 일이 생긴 것이다.

  계획했던 산행은 물거품이 되었기에 끝내 내소사는 들러보지 못한 채 모두 차로 갔다. 고생은 했지만 그래도 한 사람도 다치지 않고 무사히 귀가함에 감사한다. 어찌 보면 좋은 경험이고 추억이라고 생각한다. 그리고 단장께 고생 많았다고 위로와 격려의 박수를 보낸다.

살구

김 재 심

아침 7시 반쯤
어둠이 조금씩 지워지기 시작하는 초봄의 새벽
야근 탓에 내 몸 에너지는 바닥을 쳤다.
고개를 수그린 채 언덕을 올라와 열쇠로 대문을 열고
들어선 마당
온통 하얗다 하얀 눈 같은 게 발을 옮길 때마다 춤을 춘다.
깜짝 놀라 위를 봤지만 눈은 오지 않는다.
무조건 그 위를 걸었다.
발걸음을 옮길 때마다 자꾸만 따라다닌다.
손으로 만져도 보고
입으로 불어도 보고
한 줌 지어 위로 날려도 보고
어린아이들처럼
배고픈 줄도 모르고 한참을 그 꽃잎에 매료되어 웃기도 하고 즐기다가 문득 생각이 바뀐다.
  도대체 무슨 나무길래 이 꽃잎이 나를
  정신 못 차리게 할까
가지마다 큰 가시가 듬성듬성 솟아 있다.
그냥 나무일 것 같지는 않고
과일나무일까?
기다려보자
조만간 답을 주겠지?
이윽고
여름이 찾아온 어느 날 나무를 쳐다보니
파란 잎 사이로 노란색의 토마토 크기의 열매가 매달려 있다.

과일은 분명한데 뭘까 하다가 2주일이 흘렀다.
바닥에 떨어진 노란 옷을 입은 과일 살구 같기도 하고
살구라 하기에는 크다.
먹어봤다.
살구다.
이렇게 큰 살구도 있나?
반으로 눌러서 쪼개니 분명 살구다. 어느새 바구니에 가득 따서 사람들에게 나누어 줬다.

이렇게 큰 살구는 처음 본다면 모두들 얼굴에 웃음꽃이 핀다.

그 살구나무는 2층집 높이만큼 큰 고목이다.
큰 나무에서 자란 열매
어른 주먹만 한 큰 살구
두 개만 먹어도 요기가 된다.
살구 때문에라도 그 집에서 오래 살고 싶었지만
집의 상태에 이상이 생겨 이사했다.

지금은 아득한 추억이지만 왠지 잊지 못하고 있다.
지금 그곳은 재개발이 되어 옛날의 그런 흔적은 찾기 어렵다.

봉사 활동

길옥순

　강원도 횡성의 어느 작은 산골 마을의 풍경이다. 매미 소리 요란한 이 마을에는 버스가 하루에 두 번 만 다닌다. 아침에 마을에서 나가는 버스와 저녁에 마을로 돌아오는 버스다.
　그런 전후 사정도 모르고 우리 일행은 이 마을로 들어가려고 여름 어느 날 원주에서 시외버스로 횡성군 서원면이라는 곳에 도착하였다. 그런데 우리 일행이 가고자 하는 목적지는 그곳에서도 20여 리 정도 더 가야 하는 데 이동수단이 낮에는 없다고 한다. 하는 수 없이 땡볕을 벗 삼아 걷기로 하였다.
　당시 강원도 깊은 산에는 벌목하는 사람들이 있어서 가끔 나무 실은 트럭이 흙먼지를 남기고 지나갈 뿐 사람들은 우리 일행들뿐이었다. 덥기도 하고 오르막길을 오르기가 힘들어 고행이 따로 없었다. 우리 일행들은 교회에서 만난 청년들로 여름 방학을 이용해 농촌에 봉사활동 하러 가는 것이다. 봉사활동 장소를 선정할 때 인근 교육청에 문의하여 몇 군데를 추천받았다. 우리는 그중에서 횡성군 서원면 석화리에 위치한 석화

분교로 결정하였다.

걷고 또 걷다 보니 어느새 저녁무렵 마을 입구에 도달했다. 작은 개천이 있고 다리를 건너면 넓은 운동장과 단층 건물이 있었다. 분교장께서 우리 일행을 반겨 주었다. 그분의 안내로 마을 이장님과 부녀회장께 인사를 드렸다. 마침 저녁 시간이라 부녀회에서 준비한 식사와 함께 담소를 나누며 우리가 준비한 2박 3일간의 일정을 말씀드렸다.

이 마을은 30여 가구가 살고 있었다. 분교에는 1학년부터 4학년까지 서른여 명의 아이들이 있으며 5학년부터는 면 소재지로 통학을 한다고 한다. 다음 날 아침 분교장으로부터 설명을 들은 아이들은 일찍부터 학교 운동장에 모여 청소를 하며 시끌벅적하다.

기분 좋게 주변 정리를 하고 각자 집으로 돌아갔다. 다음 날 역할분담이 되어 있는 우리는 아침 식사를 하고 하루 일과를 준비하여 아이들을 기다리고 있었다. 그중에서 나는 아이들에게 책을 읽어주는 담당이었다. 책을 읽어준다기보다는 여러 번 반복하여 읽어서 이야기의 내용을 파악하게 들려주는 형식이었다. 왜냐하면 그 시절에도 나의 시력은 지금과 별 다를 바 없었기 때문이다.

그래도 그곳에 가기 전에 안데르센 동화집 몇 권을 읽고 내용도 파악하고 나름대로 열심히 준비하였다. 오전에는 학교에서 학생들의 부족한 부분을 보충해주고 오후에는 마을 주민들을 도와주었다.

이 마을로 들어가는 입구에 작은 개천과 그 위에 다리가 놓여있는데 오전 일과를 마친 우리는 더위도 식히고 점심 준비를 위해 야채를 씻을 겸 다리 밑으로 내려갔다. 시원한 물에 채소도 씻고 발도 담그고 잠시 쉬고 있는데 눈앞에 무언가 보였다. 자세히 보니 물에 떠내려가지 말라고 돌로써 울타리를 만들고 그 중심에 작은 항아리와 과일 몇 개가 띄워져 있었다.

이 산골 마을 그늘진 다리 밑은 시원한 냉장고였다. 슬그머니 호기심이 일어서 항아리 뚜껑을 열어보았다. 열무김치가 새콤새콤 익어가는 맛있는 내음, 그냥 지나치기에는 침샘이 요동을 쳤다. 우리는 양푼에 열무김치 반쯤 덜어와 고추장 넣고 그냥 비벼서 먹는데 꿀맛이었다. 맛난 점심을 먹고 잠시 쉬고 있는데 문제가 생겼다. 갑자기 마을 회관 확성기가 켜지더니 좀도둑은 자수하란다.

웃음이 나기도 하고 아이들 앞에 창피하기도 하고 난감하게 되었다. 우리 일행은 위기를 슬기롭게 모면하기 위하여 들에서 일하고 계시는 분들의 일손을 덜어드렸다. 그날 저녁 이장님 마당에는 한 여름밤의 축제가 벌어졌다. 각자 집에서 한두 가지 먹거리를 가져와 펼쳐놓았고 더불어 아이들의 웃음소리가 곁들어져 흥겨운 저녁시간이 되었다.

그런데 피할 수 없는 시간이 다가왔다. 드디어 열무김치의 행방을 물으니 꼼짝없이 자수하고 아이들 앞에서 두 손 들고 벌을 받았다. 아이들은 신이 나서 우리 주변을 돌며 박수치면서 웃었다. 웃음보가 터진 마을 주민들은 얼굴에 주름살이 하나 더 늘어났겠지만.

산골 마을 아이들은 작은 분교에서 꿈과 미래를 설계하고 자란다. 날이 저물면 들녘에 나간 소들도 외양간에 메이고 산기슭을 하얗게 수놓던 백로들도 둥지로 날아든다.

한여름 밤하늘의 별과 함께 '스므나리'(석화리)의 하루도 깊어 간다. 되돌아보니 참으로 아름다운 여름날의 젊음이었다.

나를 어렵게 하는 사람들

정 미

　세상은 어려운 사람들과 나를 어렵게 하는 사람들로 나누어지는 듯하다. 어려운 사람들은 내 나름 도와준다. 그분들은 돕지 않아도 빚 독촉 하듯 나를 괴롭히지 않는다. 다만 나를 어렵게 하는 사람들 때문에 괴롭다는 것이다. 돈이 부족하면 어렵게 살아가기도 한다. 하지만 사회에서는 무엇보다 대인관계에 따라 성공여부가 결정되는 것 같다. 60여 년을 사는 동안 세상살이는 결코 녹록치 않았다. 세상은 심술쟁이 같아 좋은 일이 있어도 마냥 즐거워할 수 없다.

　지식을 전달하는 것은 조금 배워서 하면 되고, 높은 자리에 오르면 사람들에게 지시하면 된다. 잘난 사람이나 못난 사람이나 사람들의 마음만 얻었다면 성공한 사람일 텐데 나는 그런 사람을 두 명도 얻지 못했다. 그런데 미국의 몇몇 대통령을 보면 루즈벨트 대통령은 아버지가 구두 수선공이라고 계속 놀림을 받았고, 소아마비가 무엇을 하겠냐고 놀림을 받기도 했고, 링컨은 수염이 많아 고릴라라는 놀림이 따라다녔다 한다. 그러나 그 사람들은 자기들의 어려운 환경을 받아들이고 그를 비난한 사람에게 화도 내지 않았다. 오히려 "네 맞습니다." 하고 구두를 가지고 오시면 "수선해 드리겠습니다." 하고 응대하며 당당하게 살아감을 보여주었다고 한다.

　루스벨트는 나중에 자기를 놀린 사람들을 주요 자리에 앉혔는데 사랑으로 이겨냈던 것 같다. 복지관에서 하는 '나도 작가다'라는 프로그램에서 나의 문제점을 하소연하는데 그들의 피드백을 듣는 중에 깜짝 놀랐다. 나를 돌아보니 나는 소심한 사람이고 잔소리쟁이였고 인정받기 위해서 자주 농담을 하면서 실없이 보인 점도 있었다. 그중에 나의 소심함을 찾아보았더니 누군가가 복지관 화장실에서 휴지를 빼가는 걸 보면 못마땅한 눈초리를 쏘았고 복지관 식당에서 이천 원짜리 밥 먹으면서 투정하면 대강 먹지라고 한다든지, 매번 자기는 반찬을 많이 먹어야 한다며 직원들을 귀찮게 하는 것에 조금 눈총을 줬던 것 같다. 이런 조그만 일에 내가 그들을 용납하지 못한 것이 불씨가 되었고 나에게도 민들레 '갓털'처럼 날아와 그들을 마땅치 않은 눈으로 본 것 같다. 나는 잔소리를 안 하는 사람이라고 생각을 했는데 이 조그마한 것에도 인상을 찌푸리는 것을 보니 나는 그야말로 잔소리쟁이였던 것 같다. 그런데 이 시점에서 나를 돌아보니 나는 아무 문제가 없었는데 그들이 나를 힘들게 한다고만 생각했다.

　그런 사람 중에 나를 훈련시키 듯이, 어렵게 하는 사람이 있는데, "너는 교회 다니면서 그것 밖에 못하냐?" "네가 남보다 더 잘된 것이 있냐?" "네 눈이나 고치고 다니라", "별로 잘난 것도 없으면서 초장부터 까불고 다닌다"라고 하면서 나를 지속적으로 힘들게 한다. 다행히 많은 사람은 나를 힘들게 하지는 않는다.

    나이 들며 마음 그릇이 점점 작아지는 사람이 아니라 더 크고, 굵고 넓은 마음을 품은 사람이 되고 싶다. 작은 일은 못 본 체하며 헐뜯지 않는다면 그들도 편하고 나도 편하고, 그 사람들에게 내 존재가 좀 편안한 사람으로 각인되지 않겠나 싶다.

    오늘도 또 잔소리를 하고 있다.

    자신을 범죄자를 잡아내는 민완형사로 착각하여, 이런 일이 정의와 공의인줄 알고 자신을 '정의의 사도' 역할로 열정을 애먼 곳에 쏟고 있는 나를 바라본다.

    "사십세가 지난 사람은 자신의 얼굴에 책임을 져야 한다!"는 링컨 대통령의 말을 새겨 보면서 대통령들의 큰 발자욱처럼, 내 얼굴 표정에 바다 같은 마음이 엿보이고, 잔소리쟁이 대신 과묵한 사람으로 보여지고 싶다.

    대나무는 싹이 날 때 우선 땅속에 뿌리를 3~4m 박아놓고 땅 위로 크기 시작하는데 한마디 만들고 자라다가 또 한마디 만들고 자라다가 또 또 그렇게 반복적으로 마디를 만들며 10m ~30m 높이로 자란다. 다른 나무처럼 태풍이나 큰비가 와도 꺾이거나 뽑히지 않는다. '마디는 줄기에서도 굵고 밖으로 두툼하게 튀어나와 있다.

    마디가 형성되는 기간은 마디가 없는 곳보다 더 더디게 자랐을 것이고, 튀어나온 것을 보면 대나무도 성장통을 겪지 않았을까 싶다.

    깊이 생각하면 '나를 어렵게 하는 사람들'은 내가 높이 높이 성장하도록 마디를 형성하는데 도와준 나의 영양분이 아니겠는가.

관여하지 말고 부탁을 하자

홍 순 복

　아이들이 초등학교 다닐 때였다. 가족들은 식탁에 앉아 한가로운 아침 식사 시간을 가졌다. 초등학생 아들 둘은 밥을 먹고는 자기 일이 있는 것처럼 서로 얼굴을 쳐다보더니 밖으로 뛰어나가고 남편은 소파에 앉아 자리를 잡는다. 나는 식탁을 정리하며 반찬은 냉장고로, 빈 그릇들은 싱크대로 가져다 놓는다. 설거지를 잠시 뒤로 미뤄놓고 화장실로 들어가 락스통을 들고 변기통에 주루룩, 바닥 여기저기에 부어둔다. 다음에는 아이들 방 청소다.

　우리 집 구조는 아들만 둘이다 보니 안방을 아이들 방으로 정했다. 두 개의 싱글침대와 책상을 하나씩 놓아주고 남편과 나는 작은 방을 쓰기로 했다. 대부분 거실에서 생활하기에 굳이 큰 방이 필요 없었다. 그러다 보니 아이들 방 청소에 많은 시간이 들어갔다. 우리 방 정리를 하고는 옷방으로 건너가 널부러진 옷들을 정리한다. 맞벌이이므로 주말이면 이렇게 할 일이 많다. 힐끗 쳐다보니 남편은 소파에 비스듬히 기대고 한 손에는 리모콘을 들고 열심히 채널을 돌린다.

내 얼굴에는 땀방울이 솟는데 남편 모습을 보니 속에서 화가 끓어올랐다. 똑같이 일하고 똑같이 맞이하는 주말인데… 마음을 굳게 먹는다. 한 박자 쉰 후 나는 청소기를 끌고 남편 옆으로 조용히 간다. 다시 한 박자 쉬고서 "여보 나 좀 도와주면 안 될까?" 남편은 '어'하며 나를 바라보며 웃는다. "알았어 내가 무엇을 하면 되지?" 우선 청소부터 하세요. "알았어, 당신은 쉬고 있어 내가 다 할게." 남편은 우려한 것과 달리 씩씩하게 청소기를 들고 여기저기 다니며 시원하게 청소한다. 나는 화장실로 들어가 아까 부어놓았던 락스로 청소를 하고 나와보니 남편은 청소를 다 마치고 어느새 싱크대 앞에서 설거지를 한다. 나는 미안함과 고마움에 마음이 한결 풀렸다. 설거지를 끝낸 남편은 커피 탈 준비를 했다. 나는 모르는 척하고 식탁에 앉는다. 남편이 커피 두 잔을 들고 와 미소 지으며 앞에 앉는다. "여보 커피 한잔 같이하자". "응 고마워."

오늘 마시는 커피의 향은 다른 날보다 더 감미로운 듯했다. 무슨 말을 할 듯한 남편을 바라보며 조용히 그의 말을 기다렸다. 남편은 "내가 앞으로는 주말마다 힘든 일은 다 해줄께"라고 말한다. 나는 "알았어, 고마워요!"하며 섭섭했던 감정을 다잡는다.

베란다의 세탁기에서 빨래가 끝났다는 신호가 들려온다. 남편과 나는 동시에 벌떡 일어나 세탁기 앞으로 간다. 한 사람은 빨래를 꺼내주면 한 사람은 건조대에 가지런히 널고, 베란다의 뒷정리까지 마치니 한 주 동안 미뤄두었던 일이 다 끝났다.

시간을 보지도 않았는데 아이들이 집으로 들어오고 있다. 그러고 보니 벌써 점심시간이다. 아무것도 모르는 양 "엄마, 우리 점심에 짜장면 시켜 먹어요"라고 한다. 아이들이 우리 마음을 읽은 모양이다. 남편이 중국집에 전화를 걸고, 얼마 후 초인종 소리와 함께 아이들은 현관문을 열고 철가방을 받아 들고 온다.

아이들은 짜장면, 어른들은 짬뽕, 거기에 탕수육 하나, 아이들은 대만족이다. 식탁에 펼쳐놓은 음식을 맛있게 먹어주는 일도 아주 감사하다고 생각하며 나는 또 행복함에 잠시 빠진다. 남편이 "너희들 오후에는 뭐하냐"고 아이들에게 물어본다.

"왜요?",

"그냥",

"오후에는 숙제해야죠",

"어 그래, 숙제 마치고 다 같이 마트나 갈까?" 아이들은 '좋아요'라며 함성이다. 우리 둘은 숙제하는 아이들을 기다리며 장 볼 물품들을 적어본다. 어느덧 시간이 흐르고 숙제를 마친 아이들은 밖으로 나온다. 나는 간단한 옷차림을 하고 남편을 쳐다보니 준비가 끝난 듯 현관 앞에 서서 기다리고 있다. 마트에 도착한 우리는 카트 하나를 끌며 각자 원하는 것들을 넣는다. 저녁 때 삼겹살을 구워 먹으려고 정육 가게에서 고기를 담고 야채 가게에서 각종 야채를 담는다. 남편은 나를 힐끗 보더니 카트를 끌고 주류코너로 간다. 맥주 6개들이 한 묶음을 담는다. 계산을 마치고 집으로 향한다. 집에 도착한 우리는 각자 물건들을 챙기고 아이들은 과자 봉지들을 들고 자기 방으로 들어간다. 나는 남편을 보며 '오늘 수고 많이 했어요, 저녁 차릴 동안 쉬고 있어요' 라고 말한다.

몇 시간이 지나고 웃으며 땡땡 '저녁 먹을 시간입니다'라는 나의 말에 아이들은 우르르 나오고 남편은 식탁에 불판을 놓고 어느새 프라이팬을 놓고 고기 구울 준비를 하고 있다. 식당에서 고기 굽는 사장님처럼 열심히 구워서 접시에 담아주면 아이들은 여러 종류의 쌈 채소와 함께 맛있게 먹는다. 아이들이 어느 정도 먹고 물러나고 우리 둘만 앉아 먹기 시작한다. 아까 사 온 맥주도 식탁에 등장한다. 남편은 술을 먹지 못하기에 나에게만 컵을 건네며 '당신도 수고했어'라고 하며 한 잔 따라준다. 나는 이거 한 잔이면 되요, 남는 건 어쩌지? 그러니까요. 먹을 사람이 없네요.

　마시지는 못하지만 우리 건배라도 하자, 라고 하며 캔을 들고 나는 컵을 들고 서로 바라본다. 남편이 내가 앞으로 오늘처럼 도와주면 되겠지, 라고 하며 웃는다. 나의 가슴속에 스며든 먹구름이 사라졌다.

　우리 부부만 남은 지금 일상의 편안함에 무덤덤해졌다. 늘 오는 주말처럼 그저 그런 하루이다. 잠시 아득한 옛날의 기억이 빈틈을 비집고 올라왔다. 그때는 나의 눈도 잘 보였다. 이제는 추억 속의 아름다운 장면일 뿐이다. 다시는 그 옛날로 돌아갈 수 없지만 그런 기억으로 우리 부부는 오늘도 힘차게 살아가련다.

꽃구경 가는 날

길옥순

　유월의 마지막 토요일이다. 하늘엔 회색 구름이 가득하다. 새벽부터 서둘러 일행들의 먹거리를 준비하고 약속 장소로 출발하였다. 모임의 회장과 친구는 먼저 나와 우리를 반긴다.

　오늘 모임에 유일한 시각 장애인 친구랑 함께 간다. 날씨가 궂으니 불참하겠다고 몇 번이고 이야기하였는데 나는 날씨가 괜찮을 거라고 말했다. 비 내리면 비옷 입고 가자고 설득해서 동행하는 친구다.

　우리 모임은 시낭송이 좋아서 함께 모이는 모임이다. 대전 시내 곳곳에 흩어져 살다가도 매월 셋째 일요일 오후 3시가 되면 선화동에서 모인다. 약속 시간이 되자 한 사람 두 사람 회원들이 모여든다. 그런데 출발 시간이 지나는데 아직 보이지 않는 회원이 있어서 전화하였다. 회원의 딸이라며 전화를 받는데 엄마가 아침에 침대에서 떨어져 손목 골절로 병원 응급실이라며 수술을 하여야 한단다. 안타깝지만 쾌유를 바라는 인사를 전해 달라고 했다.

　우리는 강원도 평창으로 가는 차 안에서 준비한 먹거리 보따리를 풀었다. 여기저기서 각자 가지고 온 간식거리들은 넘쳐났다. 샌드위치와 커피. 과자와 과일. 얼음물과 아이스크림 등등….

입담 좋은 우리의 회장님은 "놀면 뭐하냐"며 준비한 놀이를 시작한다. 흥이 오른 회원들은 박자 무시, 가사 무시해도 마냥 즐겁기만 하다. 하늘은 잿빛으로 한바탕 소나기라도 퍼부을 것 같은데 그래도 참아주는 듯했다. 음성 휴게소에서 티타임 하는데도 지장은 없었다.

잠시 휴식을 취하고 이효석 문학관을 향하여 출발하였다. 문학관 내부는 후덥지근하였지만 해설을 해주시는 분이 이효석 선생님의 일대기와 작품설명을 너무 세심하게 설명해 주어서 귀에 쏙쏙 들어왔다. 일행들은 그분께 감사의 말씀을 전하고 점심 식사를 위해 예약한 식당으로 이동하였다.

평창의 특산물 메밀 막국수와 평창 한우버섯전골 그리고 메밀 막걸리가 우리를 반겼다. 거하게 한잔하고 산길을 걷기 위해 이동했다. 차는 구비구비 돌고 돌아 아슬아슬한 산길을 가다 보니 대형버스는 진입 금지라는 표지판이 보인다. 다행히 우리가 타고 가는 차는 25인승이라 해발 1256m를 올라갈 수 있었다.

'육백마지기'라는 곳이다. 축구장 여섯 개를 합친 크기 정도 또는 볍씨 육백 말을 뿌릴 수 있는 광활한 크고 넓은 초원이라 한다. 그 사이 사이에는 산책길과 셀카죤이 있다. 가는 도중에는 일명 계란후라이 꽃이라고 불리기도 하는 샤스타데이꽃이 어우러져 관광객을 유혹하고 즐거움을 선사하고 있다.

유월의 마지막 주말은 평창의 청옥산에서 시원한 바람과 즐거움에 가득한 회원들의 웃음소리로 즐거웠다. 더 머물고 싶은 마음 가득하였지만 아쉬운 마음 뒤로하고 산길을 내려오는데 오른쪽은 낭떠러지다 운전은 기사가 하는데 왜 내 온몸에 힘이 들어가고 겁이 나던지. 미니버스로 거의 340도를 돌아가야 하는 곡선구간을 운전하는 기사는 정말 대단하다. 넓은 도로가 보이니 우리 일행들은 누구의 지시도 없이 기사를 향하여 감사의 박수를 힘차게 보내주었다.

청옥산 꽃길 사이사이를 한 시간 남짓 누비고 다니던 회원들은 돌아오는 차 안에서는 피곤이 몰려오는지 조용해졌다. 참 아름다운 때다. 우린 또다시 내년에도 아름다운 여행을 나설 것이다.

가을엽서

최 유 순

 삶 속에 간직하고픈 하루다. 오늘 "나도 작가다" 수업반은 보은에 있는 "오장환 문학관"에 문학기행을 가는 날이다. 소녀의 마음처럼 살짝이 기분이 들떠 있었다.
 산성복지관에서 오전 10시에 출발하여 11시가 조금 넘어 "오장환 문학관"에 도착하였다. 제일 먼저 영상실에 들어가 오장환 작가의 시인으로서의 영상을 보았다. 정지용 시인과의 인연, 발간한 5편의 시집("성벽, 한사, 병든 서울, 나 사는 곳, 붉은 기")과 젊은 천재 작가로 활약하다 월북 후 신장병으로 고생하다가 33세라는 젊은 나이에 세상을 떠났다고 한다. 문학관 해설사로부터 오장환 시인의 "고향 옆에서"라는 시 낭송도 듣고 단체 기념사진 촬영도 하였다. 작년에는 부여에 있는 신동엽 문학관을 보았는데 이번에 보은에 있는 오장환 문학관을 견학하니 금강의 역사와 애환을 알 수 있었다.
 사진도 찍고 오 시인의 생가도 둘러보고, 초가집에 걸린 박도 보았다. 오랜만에 보는 풍경에 어린 시절의 동심으로 안내되었다. 우리는 금강산도 식후경이라고 예약한 속리산 법주사 입구에 있는 한정식 식당으로 들어갔다. 정갈하게 한 상에 놓인 수십 가지의 반찬이 먹음직스러웠다. 함께 간 분들과 정감을 나누며 식사하니 기분도 좋아서인지 맛도 참으로 일품이었다. 행복한 사람들과 함께 먹으니 절로 소화가 되고 이야기가 피어나니 참으로 즐거운 점심시간이었다.

식사가 끝날 무렵 장대비가 갑자기 쏟아지기 시작했다. 우리는 속리산을 향해 차량으로 빗속을 뚫으며 드라이브를 했다. 다행히 비가 약간 그치는 틈을 타서 적송 솔향기가 그윽한 숲속 길을 산책했다. 촉촉이 젖은 대지 위에 약간 단풍이 들어 떨어진 낙엽과 가을이 내 품는 향기는 나의 기억 속으로 흘러 들어와 한 폭의 수채화로 자리 잡았다.

속리산을 빠져나와 가는 길에 찻집에 들러 잘 구워진 빵과 보은이 자랑하는 대추차를 함께 마셨다. 잣까지 띄운 대추차는 차 수준을 넘어 한 잔의 보약과 같았고 그윽함도 환상이었다.

정말 마음에 들었다. 이 자리를 마련해주신 작가 선생과 빗길에도 종일 안전하게 운전해 주신 권 선생, 언제나 수고를 아끼지 않으시고 도와주시는 박 선생과 함께 간 우리 동료에게 감사의 마음을 전하고 싶다.

잊지 못할 향수 같은 추억이 되었기에 그리움의 창고에 깊이 간직하였다가 먼 훗날 다시 꺼내어 음미해 보리라.

대한민국 지도

김재심

아무 생각 없이 통근차를 기다리고 있는
나의 콧속으로 은은히 침투해 들어오고 있는 향
뭐가 잘나서 근무하러 가는 사람의 콧속으로 밀고 들어오는가
그저 자연적인 현상이라고
지금 이 순간, 꽃을 피워야 한다고
향을 내뿜어 사람을 유혹하려고
라일락 향처럼
너는 분명 나를 환각 상태로 만들었다.
그럼 나는 8시간 말고 16시간 내내 향에 취해 등허리에
대한민국 지도를 그려가며 열심히 열심히 작업을 이어갈 테니.
내 등허리엔 독도도 있고 연평도, 백령도, 죽도, 안면도, 외도도 그려져 있다
내 등허리의 화첩이 라일락 향과 뒤범벅이 되어
내 몸의 에너지는 바로 여기에 표시되어 있다.

노년의 길

조남수

나는 어디쯤 왔을까?
내일도 오늘처럼 지나갈 것인가?
무심코 지나오던 길 돌아볼 새 없이
노년의 세월이 문턱까지 동행하였구나.
오던 길 돌아보니 얼마만큼 와있을까?
이제야 알게 되니 인간극장이로다.
내 사랑도 식어가고 부모의 사랑도 잊어지고
중요한 덕목을 모두 잊어가는 자신을 잃은 듯한
세월이 왔다는 걸
얻은 것 하나 없고 잃은 것만
남은 듯한 무상 속에 걸어온 길 되돌아본다.
걸어온 길 멈추고 돌아보니
다 잊어버리고 갈 길도 알 수가 없네
내 삶을 사랑해 보았을까?

나 혼자 수고했다.
어려운 길 헤쳐가느라고
혼자 나 자신에게 위로를 주었지
그래도 아쉬운 건
어느 자리 어느 곳에 내세울 번듯한
이름 없는 노년이 되어서 아쉬움이 남는다.
그리운 시간들 떠나간 세월
때가 주어질 때 최선을 다하지 못한 아쉬움……
추억을 아쉬움으로 그리움으로 간직하고
노년이 맞이하는 돌아오는 갑진년
겨울 앞에 두고 오늘이 있으니 내일도 그렇게
믿고 갈 것이다.
어디쯤 왔는지 언제쯤 갈 것인가?
아무도 알 수가 없는 노년의 길

4부

그리움

아버지, 그리움은 눈물인가요!

구 복 희

　오월은 돌아가신 아버지가 더욱 그리워지는 달이다. 그 옛날 오월의 푸르름이 배경이 되면 나는 아버지 팔짱을 끼고 자주 산책을 하였다. 아버지는 딸에 대한 깊은 애정으로 삶의 지혜를 들려주시고 나는 좋아서 깡충거리며 노래를 불렀다.

　결혼해 첫 살림을 시작한 곳은 무량사가 있는 산골이다. 남편은 대전으로 발령 난 후 결혼하자고 했지만, 굳이 마다하고 산골로 들어온 것은 시골의 전원적인 풍경과 다정하고 순박한 인심이 너무 좋아 한번 살아보고 싶어서였다.
　신혼살림 초였다. 아버지는 딸이 좋아하는 김을 짐 속에 가끔 보내주셨다. 그래도 여전히 철없는 딸로 여겨 마음을 놓을 수 없으셨는지 신혼 살림을 차린 시골까지 찾아오셨다. 단칸방 가운데를 캐비닛으로 막고 한 달여 시간을 아버지와 함께 보냈다. 그 후, 다시 시골로 오신 적은 없었다.

"여보, 여기 아버지 사진 어디 두었어요?"

"아버지? 나는 무슨 일본사람을 올려두었나 했지."

어이구, 아버지가 젊은 시절 공직에 계시며 철도청 관복을 입고 찍은 사진에서 일본인 냄새가 물씬 났나 보다.

"내 참~ 내 친정 오빠와 똑같잖아요."

"장인어른을 젊은 날 뵌 적이 있었어야지~~"

어릴 적 아버지는 유독 나에게 당신의 쌀 섞인 밥을 푹 퍼서 내 그릇에 담아주셨고, 항상 김을 챙겨주셔서 엄마와 언니, 오빠의 눈총을 얼마나 받았는지….

대금을 불던 아버지 모습, 밥상을 내던지며 큰언니와 오빠를 엄하게 교육하셨던 모습이 생생하게 떠오른다. 동네에서도 어른이며 아이들에게도 잘못한 것을 보시면 엄하게 나무라셨기에 호랑이 할아버지라 불리셨던 아버지는 우리 5남매의 자랑이셨다. 어머니도 그런 남편의 뜻을 받들어 말없이 순종하며 평생을 사셨다.

아버지는 집에 술을 들고는 못가도 마시고는 간다는 주량이었다. 술주정이 심한 어느 날, 나는 아버지 귀를 꽉 물었다. 아버지는 이날을 친구들 앞에서도 자랑 같이 말씀하시곤 했다. 그랬던 내가 토요일을 꼬박 기다리다 대전에서 내려가 하루를 지내며 술주정을 받아주고 돌아오기도 했다. 어느 해 철도 사고의 책임을 지고 공직에서 내려오신 아버지는 얼마 후 그 여파 때문인지 중풍으로 쓰러지셨다. 세상이 다 멈추는 것 같은 일이 아닐 수 없었다. 나는 그저 먼 하늘만 바라볼 뿐이었다.

"아버지, 그리움은 눈물인가요!"

　세월이 한참 흐른 지금도 오월이 돌아오면, 아버지를 향한 이 사무친 마음을 글로써 다 풀어낼 수 없어 눈물로 풀어본다.
"사랑해요, 아버지!"

떫은 감

정 미

 명절이라 곶감을 선물 받았다. 저녁에 남편하고 곶감을 먹었다. 달고 쫄깃했다. 옛날에 떫은 감은 그늘에 가만히 두어 홍시로 먹고, 껍질을 깎아 바람 부는 곳에 두면 곶감이 되어 간식거리로 맛있게 먹었다.
 우리 부부는 둘 다 시각 장애인이다.
 우리도 떫은 감 인생이었던 시절이 있었지, 하고 물으니 남편은 그렇다고 한다. 남편은 20대에 눈이 어두워졌는데 그전까지 자신은 단감이었다고 말한다. 평생 단감으로 맛나게 살아갈 줄 알았는데 이렇게 떫은 감이 될 줄 몰랐다고 한다.
 남편 부모님은 한쪽 골방에 떫은 감으로 홍시를 만든다고 놔두고, 곶감 만든다고 깎아서 말리는 게 남편 꼴이었다고 말했다.
 아무도 오지 않는 뒷방에 내버려 둔 딱딱한 감이 어떻게 홍시가 되며, 땡감이 쭈글쭈글해지면서 어떻게 곶감이 되는 것일까?
 눈이 어두워졌으니 골방은 남편 차지가 되었단다. 다들 자기를 불쌍한 눈으로 쳐다볼 뿐이고 부모님은 가망이 없다고 한숨만 쉬었단다. 우리 부모님의 마음이 헤아려졌다.

내 인생은 떫은 감으로 이대로 끝나는 걸까? 하면서 남편은 실의에 빠졌단다. 그러던 어느 날 라디오에서 시각 장애인들이 제2의 인생을 살아갈 수 있는 맹학교가 있다는 말을 들었단다. 그때 남편은 눈이 번쩍 뜨였다고 했다. 그러면서 "나도 저렇게 맛있는 홍시와 곶감의 인생이 되고 싶어 맹학교를 다니기 시작했다"고 한다.

그렇지! 당신도 그랬겠지만 나도 떫은 감이었어요. 어두운 눈으로 간신히 고등학교는 졸업했지만 친구들은 회사에 취직하여 돈을 벌었다. 그런데 나는 눈 때문에 골방에서 시체 놀이만 하였다.

어느 날이었다. 지인이 "시각 장애인 훈련 학교에서 2년만 공부하면 경제적으로 자립을 할 수 있다"고 말하였다. 나는 주저 없이 맹학교에 입학해서 안마와 침을 배웠다. 맹학교에 가 보니 떫은 감 인생들이 많이 모여 있었다. 처음 볼 때는 나같이 쭈글쭈글 생기도 없는 저 떫은 감들이 이 험난한 세상에서 과연 살아남을 수 있을까 여겨졌다. 하지만 다들 열심히 안마와 침, 한방을 배워 졸업해서는 사회에서 단감의 인생들에게 안마를 해주고 있었다.

나는 남편에게 어제 경로당에서 안마해 준 할머니와의 대화를 얘기해줬다. 할머니는 안마를 받으니 아픈 목과 어깨와 허리통증이 나아지고, 부드러워졌어요, 라고 말한다. 나는 안마나 침으로 다 낫는 것은 아니니 운동도 병행해야 낫게 된다고 이야기를 해 주었다.

우리가 배운 운동법까지 가르쳐주니 할머니는 "세상에! 이런 안마가 다 있느냐고 하시면서 시각장애인 안마를 받고 옆집 어르신도 허리가 좋아졌다고 한다. 그러면서 나는 어깨도 가볍고, 오십 견이었던 팔이 올라가고 아프던 다리는 가르쳐준 대로 운동을 했더니 너무 좋아졌다"고 한다. 그러면서 "부러워요, 언제 이런 것을 다 배웠어요?"라며 물어본다.

  우리도 전에는 싱싱한 단감이었답니다. 하지만 늦게 눈이 어둡게 되어 떫은 감이라고 절망했지만, 맹학교에서 안마를 배운 덕분에 다시 곶감과 홍시로 여러분들에게 선물을 하게 되었지요. 남편의 친구들인 단감 인생들은 나이 60 무렵 퇴직을 하고는 등산이나 낚시하러 다니는 것이 일상이지만 지루하다고 한다. 그에 비해 우리 부부는 지금도 일할 수 있고, 또 노인 일자리 창출로 70이든 80이든 안마로 인해 월급 생활을 계속할 수 있으니 시각 장애인의 세계도 괜찮은 세상이라며 한마디 거든다.

  오늘도 제2의 인생을 살아가는 떫은 감 두개는 홍시로, 곶감으로, 단감들에게 바쁘게 부~웅~붕 날아간다.

외할머니와 손녀 딸의 하루

홍 순 복

충북 제천 어느 작은 마을이었다. 초등학교 3학년인 나는 키가 작고 여윈 할머니와 함께 살았다. 삼촌들은 모두 객지로 나가고 할머니 혼자 밭농사를 지으셨다.

"영이야 학교 가거라." 나는 혼자 책가방을 챙겨 학교에 갔다. 신작로를 따라 십 리도 넘는 길을 걸어서 제천읍 초입에 있는 초등학교를 다녔다. 오늘은 내가 제일 좋아하는 음악시간이 들어있다. 수업을 마치고 동무들과 인사를 나누고는 함께 운동장에 있는 회전 그네를 탔다. 노는 데에 빠져 집에 갈 생각을 하지 않는다. 친구들은 집으로 가고 나도 아침에 오던 길로 집으로 돌아가야 한다. 점심을 먹지 못해 머릿속에는 배고픔으로 꽉 차 있다. 길옆 둑 아래 시금이라는 풀 나무를 꺾어 입에 넣고 질겅질겅 씹으며 집으로 향한다.

할머니 집 마당 입구에 들어서면서 '할머니, 다녀왔습니다"라고 인사를 하면 할머니는 "배고프지? 어서 오거라" 하시며 부뚜막에 걸터앉아 박으로 만든 바가지에 상추를 가득 넣고 밥을 비비고 있다. 할머니는 "영이야,

앞에 앉거라" 하시며 무쇠솥 뚜껑을 열고 아직 식지 않은 김이 모락모락 나는 하얀 쌀밥 한 그릇을 내 앞에 놓아준다. 반찬은 상추 겉절이와 콩자반이다. 나는 할머니의 뜻도 모르고 상추를 퍽 좋아하시는가 라고만 생각한다. 밥을 먹는데 옥자와 공기놀이를 약속한 것이 생각난다.

밥을 다 먹은 후 할머니는 호미를 들고 밭으로, 나는 뒷동네에 사는 옥자를 부르러 간다. 옥자를 불러 손을 잡고 내려와 마당 한쪽 봉숭아꽃, 맨드라미, 백일홍, 분꽃, 채송아꽃이 가득 피어있는 화단 옆에 자리를 잡고 공기놀이를 한다. 공기놀이를 하는 중 옆집에 사는 미자가 오이를 손에 들고 아삭아삭 베어 먹으며 "나도 시켜줘"라고 한다. 안돼, 우리는 내일 아침에 책가방 들어주기 내기를 하는 거라고 하면서 옥자와 나는 공기놀이에 열중하다 보니 어느덧 시간은 흘러 해가 지고 있다.

밭에 가신 외할머니는 바구니에 야채를 가득 담아 들고 한 손에는 호미를 들고 온다. 나는 할머니의 바구니를 받아들고 부엌으로 달려간다. 할머니도 한 손에 든 호미를 마당 한쪽에 던지시고 흐르는 도랑물에 손을 쓱쓱 씻고는 저녁밥을 지으러 부엌으로 들어가시고 나는 할머니를 도우려 아궁이 앞에 앉아 불 때는 것을 돕는다. 밥은 보글보글 끓고 할머니는 이것저것 반찬을 만든다. 저녁밥을 맛있게 먹고 할머니는 설거지를 마친 후 방으로 들어가 자리를 잡고 누우신다. 늘 그랬듯이 나는 할머니 머리 위에 앉아 작은 손으로 할머니 머리를 이리저리 만지며 두 손가락으로 꾹꾹 눌러드린다. 외할머니는 그럴 때마다 우리 손녀 시집갈 때 동솥 빼어주어야지, 하면서 스르륵 잠이 든다.

할머니 코 고는 소리와 함께 내 손도 떨어진다. 그때부터 숙제를 시작하고 다 마친 후 할머니 옆에 자리를 잡고 눕는다. 나의 입꼬리가 올라가는 것은 왜일까? 내일 아침 옥자가 내 책 보따리를 들고 가기에 빈손으로 갈 수 있기 때문이다. 바람소리와 툭툭 알밤 떨어지는 소리가 귓전에 들려온다. 아침에 일찍 일어나서 알밤을 주워야지, 하며 잠을 청한다.

  나는 꿈이 좋다. 꿈에서라도 보고 싶은 엄마를 만나고 이복형제들을 만날 수 있는 시간이다. 꿈夢을 꿀 수 있고 꿈이 있어 행복한 어린 시절이었다.

봄날은 간다

최유순

　봄날이 하염없이 흘러가고 있다. 지천에 흐드러지게 핀 봄꽃을 보니 꽃을 무척이나 좋아하시던 엄마에 대한 그리움이 살포시 일어난다. 바삐 살다 보니 나에게도 그리운 엄마가 계셨다는 사실을 까맣게 잊고 산 것 같다. 봄날 저녁 눈물이 흘러내리며 사무치게 보고 싶다.

　결혼해 자식들을 낳았는데 남편이 공무원 박봉이다 보니 세 자녀를 키우느라 부모님을 돌아볼 여유가 없었다. 나의 자녀들도 자기들 앞가림하느라 정신없이 살고 있을 것이다.

　나의 부모님은 정말 훌륭하셨다. 6남매를 사랑과 성실로 키워주셨다. 옛날 부모님 시대 어느 누구 한 사람 보릿고개를 모르고 사는 사람이 있었겠는가? 그 어려운 시절에도 자식들 가르치시고 먹이느라 온갖 고생을 하시면서 부지런한 삶을 사셨다.

　아버지는 언제나 새벽 2시에 일어나 어둠을 뚫고 일터로 나가셨고 어머니는 4시에 예배드리고 그때부터 온종일 일하셨다. 아버지의 몸과 팔은 햇볕에 그을려 구릿빛을 띄었다. 내가 이 나이가 되고 보니 새삼 부모님의 고마움과 정성에 다시 한번 깊은 감사를 드린다.

살아계실 때는 모른다. 효도하고 싶으나 부모님은 기다려 주지 않는다는 말이 딱 맞는 말이다. 후회가 밀려온다. 그리움에 목이 메인다. 내리사랑이라 했던가? 내 자식들 보살피느라 부모님은 뒷전이었던 불효를 훗날 천국에서 만나 용서를 받고 싶다.

삶의 무게가 깃털처럼 가볍다고 느끼면서 연휴 때면 형제들은 가끔 모인다. 남아 있는 우리 5남매는 모두 황혼빛에 물든 나이들이다. 행복과 추억은 때가 있는 법인 것 같아서 우리 5남매는 오월 연휴를 맞이하여 막내 여동생이 살고있는 경기도 포천에서 모였다.

한탄강 Y자 출렁다리와 꽃 정원을 구경하기로 했다. Y자 출렁다리는 우리나라에서 가장 긴 출렁다리라고 했다. 정말 환상적이었다. 꽃을 좋아하는 나는 꽃 축제 공원에도 갔다.

튜울립, 수국, 골드베리, 다알리아 등 여러 가지 화려한 꽃들에 70대 '어른아이들'이 취해 버렸다. 한껏 힐링이 되었다. 가버리는 봄날이 아쉽기만 하다. 이 모든 건 살아 숨 쉬고 있기에 가능한 일이다. 더 아름답고 여유롭게 살아가리다.

매 순간이 봄날이라고 생각하며 즐거운 마음으로 누리며 살고 싶다. 늙어가는 것이 아니라 익어가는 것이라는 노랫말처럼 새로이 찾아와줄 봄날을 기약한다.

분필 가루

길옥순

고등학교 2학년 우리 반 친구들은 차디찬 시멘트 바닥에 무릎을 꿇었다. 아직은 찬바람이 감도는 3월 어느 토요일 오전 수업을 시작하기 전 사건이었다.

친구들은 칠판에 낙서를 잔뜩 했다가 칠판지우개로 지웠다. 그러고는 교실 문을 조금 열어 문 위에 지우개를 살짝 걸쳐 놓았다. 수업시작 종이 울리자 우리는 모두 공부하는 척 조용히 숨을 죽이고 있었다. 잠시 후 교실 문이 열리고 선생님께서 들어오셨다. 선생님께서는 머리부터 양복 위로 온통 분필 가루를 뒤집어쓰셨다.

친구들은 여기저기서 킥킥거리고 있는데 선생님께서는 책상 위에 출석부를 "탕"하고 내려놓으셨다. 순간 우리는 아! 이건 잘못되었구나? 생각하며 선생님 눈치를 살피는 데 아니나 다를까 누구 짓이냐며 호통을 치신다. 아무도 대답을 안 하자 모두 교실 바닥에 내려앉아 무릎을 꿇으란다. 그러고는 걸상을 높이 들고 반성하라고 하신다. 처음에는 잠시려니 생각하고 있었는데 그게 아니었다. 선생님께서는 그날 수업 분량을 모두 칠판에 적고 계셨다.

때는 이른 봄이라 시멘트 바닥은 아직 차가웠다. 시간이 지나다 보니 온몸에 한기가 들었다. 친구들은 잘못을 반성하고 지우개를 올려놓은 친구도 울면서 용서를 구했지만 소용이 없었다. 수업 마치는 종이 울릴 때까지 선생님께서는 뒤 한번 돌아보시지 않으셨다. 그때 나는 무슨 용기인지 아니면 오기인지 들고 있던 걸상을 집어 던지며 선생님께 큰소리로 항의를 하였다.

"여학생들을 이렇게 차가운 시멘트 바닥에 40분이 넘도록 꿇어 앉혀놓고 돌아서서 칠판에 글씨를 쓰시면 마음이 좀 풀리십니까?

지금 교과 과목이 무엇입니까? 예수님은 일곱 번씩 일흔 번까지 용서하라고 하셨다면서요. 선생님은 누구십니까! 학교에서는 선생님이시지만 교회에서는 장로님 아니십니까?"

저는 앞으로 선생님 수업이 있는 날은 학교에 오지 않겠다고 말씀드리고는 책가방을 챙겨 집으로 돌아갔다.

학교가 끝날 시간이 아직 한참 남았는데 집으로 돌아오니 어른들은 무슨 일 있냐며 걱정을 하신다. 그간의 일을 설명하고는 앞으로 학교 안 가고 집에서 공부할 거라고 말씀드렸다. 하지만 어른들은 나에게 아무런 말씀도 없으셨다.

얼마나 지났을까? 언제 나갔다가 오셨는지 외출복 차림의 할아버지는 저를 부르셨다. 오늘 일은 너희들의 장난을 받아주지 못한 선생님도 잘

못이지만 그렇다고 수업 중간에 집으로 온 너도 잘한 것 없으니 반성하고 월요일부터 학교에 가라고 하셨다.

내가 다니던 학교는 기독교 학교라서 일주일에 한 번은 성경 수업이 있었다. 선생님께서는 연세도 있으시고 늘 인자하신 편이었는데 그날은 무척 화가 나셨나 보다. 아무튼 그 일이 있고 나서 나는 할아버지 말씀을 뒤로하고 삼 일간 학교에 가지 않았다. 친구들이 연락하고 담임 선생님도 부모님께 연락드리고 급기야는 교감선생님까지 연락을 하셨다고 한다. 할아버지께서는 그만 고집부리고 학교에 가라고 하셨다.

다음날 어쩔 수 없이 학교로 가면서 어린 내가 선생님께 너무 고집을 부렸나 하는 생각에 죄송한 생각이 들었다. 오늘처럼 추운 3월이면, 그 옛날 치기어린 나의 행동을 슬기롭게 해결해준 할아버지가 그립다.

커피와 우유

김 재 심

우유: 커피야, 너는 왜 시커멓냐?
커피: 나도 몰라
우유: 그렇다면 다른 생각해본 적 없냐?
커피: 없긴, 딱히 방법이 없잖아
우유: 그럼 내가 도와줘!
커피: 그러면 커피라고 안 하지
우유: 흥, 그래도 자존심은 지키려고 하네
커피: 좋은 생각 있으면 말해봐!
우유: 그런데 말야, 시커먼 색이 조금은 손상이 있을 거야.
커피: 뭔데?
우유: 궁금하지! 그럼 내 말대로 해볼 거야?
커피? 색이 쪼끔 변하는 것 인정할게.
우유: 딴것 없어, 너와 내가 싸우지 않으면 돼?
커피: 언제 우리가 싸웠냐? 합쳐진 적은 있었지만
우유: 바로 그거야.

커피: 그럼 지금부터 스~을 슬 시작해 볼까? 그런데 너 힘 세다고 많이 차지하면 안돼?

우유: 알았어, 알았다구. 알고 있당게?

커피, 어! 아이고 힘들어. 버티기 힘들어. 그 마~안!

우유: 아유, 엄살은 국제 토픽감이네.

커피: 그런데 이대로면 우리 둘이서 모양이 없잖아

우유 : 우리 모양도 만들고, 숨어 있는 모양도 꺼내어 볼까?

커피: 그래! 우리 10분만 연구하자.

우유: 어떻게?

커피: 너와 내가 합쳐져서 모양이 이상해. 그렇다구, 이제 와 따로 독립할 수도 없고.

우유: 그러면, 그렇다면 우리 단결된 모양으로~!

커피: 논산 더하기 공주, 그리고 성환도 있다.

우유: 뭐야, 어떻게 도시가 들어가… 아이큐가 두 자리야?

커피: 딸기와 밤 그리고 사과, 적당량을 섞어서 전체적으로 차숟갈 1개면 땡큐지!

우유: 그런 생각은 내가 해야지

커피: 봐라. 봐라. 세상살이 뭐 있어? 더하기, 제하기만 잘해도 재미있는 삶이 될 거야.

우유: 요~우, 정말 훌륭해. 짝짝짝….

이후 커피와 우유는 서로를 바라보며 누구도 짐작하지 못하는 카페라테 맛으로 우리 인간들의 건강을 오늘도 여전히 지켜주고 있다.

어버이는 항상 내 곁에

구 복 희

우리의 삶은 참 재미있고 흥미진진하다. 하지만 미래는 알 수 없다. 어쩌다 시각 장애자가 되어 복지관에 다니며 생활한 지 1년이 되던 가을이었다. 점자도서관에서 백일장을 한다는 안내장을 받아보고 호기심에 참여했는데 주제는 자기 이름으로 짓는 삼행시였다.

늘 가슴에 묻어두었던 아버지의 기억을 꺼내어 단숨에 삼행시를 적어 내려갔다.

구 : 구리구리 가위 바위 보
복 : 복 받고 사는 것이 최고라며
희 : 희색만면 웃으시던 아빠의 행복한 웃음

참으로 사랑이 많으셨던 우리 아버지. 유난히 나를 아끼셨는데 이유는 알 수 없다. 그저 예쁜 것, 복 많이 받고 복되게 살라고 하셨다. 어머니는 딸이지만 아들같이 돌림자를 넣어 아들처럼 키우고 싶으셨다고 한다. 두

분이 일치점을 찾지 못해 어린 딸을 가운데 두고 가위바위보를 해서 이기는 사람의 소원대로 이름을 정하기로 했단다. 아버지가 이겨서 복이라고 지으시고 아쉬워하는 엄마 옆에서 구대 독자 아들 같은 딸 얻었다며 희희락락하여 복희라는 이름이 되었단다. 아버지는 언제나 내 편이 되어 5남매 속에서도 항상 나를 응원해 주셨다.

팔씨름할 때도 내 편이고 닭싸움할 때도 내 편이고, 약주가 심할 때는 내가 끼어들어야 집안이 조용해졌다. 아버지 친구분이 놀러 오셨을 때도 이 녀석이 내 귀를 물었다고 자랑처럼 나를 소개하셨다, 동네 어귀에서 술 한 잔 거나하게 잡수시고 한 가락 노래 부르시며 집으로 오곤 했다. 그러면서 동네에선 호랑이 할아버지였다.

아버지가 술에 취해 주정이 있으면 온 식구들이 이웃집으로 피신 갔다. 집에는 오직 나와 막내 동생만 남아 양말 벗기고 대아에 물 떠서 발을 씻기며 술기운이 사라질 때까지 시중을 들었다. 다들 어디 갔냐고 호통을 치시며 "다 필요 없다. 너만 있으면 된다"며 안아주시고 무릎 위에 태워주시고 대금을 불며 힘든 시절을 넘으셨던 아버지다. 그날을 생각하면 한없이 마음 아프다.

이런 날은 늦은 시간까지 나무판자 울타리 송진 구멍으로 집 안 분위기를 살피다 살금살금 집 안으로 숨어들던 식구들도 생각난다.

나는 어려서인지 부모님께서는 슬프거나 힘들다는 생각을 못하는 줄 알았다. 어느 해 오빠의 대학 입학 합격증이 배달되었다. 오빠를 부르며, "차라리 떨어지기나 하지" 혼자 말하시며 눈물을 흘리시던 아버지의 모습 속에서 그 당시 삶이 얼마나 힘드셨을지 상상하지만 그 힘듦을 어찌 몇 장의 글로 쓸 수 있을는지!

　아버지가 읊는 한시를 듣고 자란 탓에 나는 지금도 한시가 참 좋다. 뜻도 모르면서 말이다.

　어릴 때 칭찬 한 마디가 나를 꿈꾸는 사람으로 키워주셨고, 서울 예술의 전당에 내 서예작품이 전시된 곳에 마침 사위가 참석해 주어서 내 작품을 보여준 첫 자랑이 되었다. 참으로 신기하고 고마운 것은 내 어머니가 나의 이름에 돌림자인 '자'를 넣기를 원하셨는데 서예 선생님께서 내려주신 호가 '자원'이었다.

　지금 부모님은 천국에 가셨지만 그리 원하시던 돌림자를 넣어 이름 대신 쓸 수 있어 참 다행스러운 축복이다. 짧은 표현 속에 다 기록하지 못하나 나를 사랑하신 어버이 은혜를 어찌 다 갚을 수 있겠는가. '높고 높은 하늘'이라는 어버이 은혜를 하모니카에 실어 하늘에 띄운다.

삶이란

조 남 수

삶이란
마라톤 같은 것
운동장 한 바퀴 뛰기 위하여 일렬로 서 있다
선생님의 호루라기 소리에 뛰어
1, 2, 3등까지 상을 받았다
우리가 살아가는 것도 무엇이 다를까요
출발지는 같은 곳
어머니 배에서 태어나면
젖을 먹고 밥을 먹어
내 삶이 시작된다는 것
방향도 같은 곳을 바라보지 않는가
앞날의 목표는 각자의 선택
내 자리는 항상 비어있다는 걸
피나는 노력은 거짓이 없다는 걸

시작은 목표까지 쉬지 않는다
노력하지 않는 사람 어디 있소
그동안 사는 것이 어려웠다면
이제부터는 멋진 인생으로~~
멋모르고 살아온 길이었다면
지금부터는 가장 좋은 나이면서
두려울 게 없는 나이가 쌓이고 쌓여가니
그리움과 배려도 알 수 있는 지금 늙지도 청춘도 아닌
여백을 채울 수 있는 감사함과 소중함을 알아가니
하루하루 살아가면 성공한 인생
서로 바라보고 웃는 모습
꽃보다 아름답지 않던가요
여러분 이것이 삶이라네요

시각장애인 한궁 경기

정 미

"제3회 시각장애인 한궁 경기를 시작하겠습니다. 전국에서 오신 선수 여러분 감사합니다. 10분 후에 전맹 남자부는 명찰을 달고 안대를 하고 준비해 주시기 바랍니다. 1번-강원도, 2번-대전, 3번-경남, 4번-경북, 5번-충남, 6번-제주도, 7번-경기도, 8번-광주. 코치분들은 선수 뒤에서 서 주시기 바랍니다. 화살은 연습 2개, 본 게임은 오른손 5개, 왼손 5개씩 던지겠습니다. 코치는 뒤에서 오른쪽인지 왼쪽인지 코치해 주십시오, 자! 준비하세요!"

　손바닥보다 조금 더 큰 점수판에 그려진 중앙의 10점을 향해 1.5m 거리에서 작은 자석 화살 핀을 던진다. 그러면 판에서 10점, 5점… 던진 대로 점수가 플러스 되어 나타나며 읽어준다.

　내 뒤에서 코치가 이미 던진 핀의 방향을 "3시 방향입니다, 9시 방향입니다." 하고 말해주면 던진 방향을 고쳐, 중앙을 짐작하여 던진다. 코치가 "3시 방향입니다." 하면 9시 방향 쪽으로 약간 틀어 던진다면, '중앙으로 가겠지' 하며 던졌는데, 코치가 또 3시 방향이라고 한다. 분명 나는 9

시 방향으로 던졌다고 생각하는데, 또다시 3시 방향이라고 한다. 마음대로 점수가 나오지 않는다. 다시 조정하여 힘껏 던졌더니 6시 방향이라고 한다.

오른손-왼손 50점씩 100점이 만점인데, 나는 합이 44점이다. 겨우 16강 전 진출이다. 8강에서 나는 왼손잡이니까 왼손의 점수는 잘 나올 것이라 안심하고 던졌는데, 오히려 왼손은 거의 불발이다. 코치는 "12시 방향입니다. 좀 내려서 던지세요!" 라고 해서 던졌더니 1점이라고 소리친다. 결국 왼손 다섯 판은 3점으로 끝났다.

우리는 안대를 했고, 코치는 계속 방향을 지시해줬는데 그대로 따라 하면 될 것을 '평소에 고집이 센 탓에 나의 몸도 고집을 부리고 있는 걸까?' 싶어 짜증이 났다. 100점 중 30점도 나오지 못해 8강전에 들어가지 못하고 끝이 났다. 올해 처음 참가했지만 1등을 하여 "잘했다!"는 소리 듣고 우쭐해지고 싶었는데 말이다.

우리 시각 장애인들은 모든 것에 자신이 없고, 길을 걸어갈 때도 어디 빠지지 않을까? 기둥에 부딪히지 않을까? 불안하고 의기소침하게 살아간다. 그래서 이런 경기에 참가하여 우승을 거머쥐면, 천하를 얻은 기분이 되어 뭘 해도 잘할 것 같은 자신감이 생겨 한동안은 웃음이 저절로 나온다. 복지관에 가든, 어디를 가든 "몇 등 했어?", "1등 했어!" "잘 했어!", "수고했어!" "밥 사줄께" 그 분위기와 기분이 몇 개월은 유지되는데 우승을 하지 못해 시무룩해졌다.

20년 전 시각 장애인 체육대회에 달리기 종목에 참가했다. 그때 나는 눈이 조금 보였기에 안대를 끼기 전 50m 도착지를 잠깐 눈에 익히고 안대를 낀 후, 목적지를 향해 열심히 달렸고 일등을 했다.

전혀 보이지 않는 전맹들은 안대 착용 전에도, 안대 착용 후에도 못 본다. 그렇게 출발해 달려가다 혹 '부딪치지 않을까?' 무서워 정면으로 끝까지 달릴 수가 없었다고 한다. 3년 전 장애인 달리기 종목에 또 참가했더니 안대를 하고 달리라고 한다. 그때는 아무것도 보이지 않아, 뛰어가는데 무서웠다. '도착지점에서 미처 누가 잡아주지 않아 계속 달리다가 벽에 부딪혀 다치지 않을까?' 불안하여 갈 짓 자로 달렸더니 결과는 꼴찌였.

그때는 '젊으니까 내년에는 잘 할 수 있겠지' 생각했다. 이제는 나이 탓인지 그런 마음 먹기가 쉽지 않다. 조금은 서글픈 생각이 올라왔다.

드디어 일반인, 그러니까 시각 5급, 6급 약시들의 한궁 경기 시간이 되었다. 그 사람들은 평소 일주일에 한 번 연습할 때마다, 100점 만점에 70~80점이 나오던 사람들이었다. 연습실에서 한궁 대회장으로 장소만 달라졌을 뿐인데, 우리 대전팀의 최고 득점자의 점수는 고작 30점이었다. 모두 8강에서 떨어지고 말았다. 그들에게 "왜 점수가 그렇게 낮게 나왔느냐"고 물었더니 "뒤에서 누가 팔을 잡아당기는 것 같이 화살이 나가지 않았다."고 투덜댄다.

왜 그랬을까? 그들은 눈 밝은 사람들처럼 못하는 일이 없겠다고 평소 생각했다. 그들은 2m, 심지어 5m의 거리에 있는 우리 시각장애인들의 옷차림새는 물론이고, 옷에 묻은 고추가루까지 알려주는 5급, 6급의 약시들이었다. 그들은 잘 보이는데 왜 점수를 못 냈을까? 나도 그들도 메달을 받지 못했다. 옆의 직원이 그날의 운칠기삼이라며 등을 토닥여 주었다

오늘의 한궁 경기 우승자는 81세 어르신 선수였다. 우리는 '아무것도 아닌 경기'라고 생각하면서도, 올림픽 경기나 되는 것처럼 희망을 걸다가 상을 타지 못하면 나의 무능력일까? 장애 때문일까? 이 나이만큼 살아보니, 마음먹은 대로 되지 않음을 새삼 깨닫게 된다.

작은 경기인데도 좌절감에 빠지는데, 올림픽 선수들은 어떨까? 3~4년을 집중적으로 훈련하여 국가의 예산을 받으며 세계 대회 선수로 출전하니 메달을 따오지 못하면 안 된다는 마음으로, 우리보다 100배 노력할 것이다. 늘 내일 경기를 치러야 하는 것처럼 많은 연습을 하는데도 메달을 따는 사람은 몇 명이다.

그들은 2~30대들인데, 나처럼 나이 든 것도 아닌데 그 나이부터 좌절감이 들면 어떻게 하나? 나는 눈만 보이면 무엇이든 잘하는 줄 알았다. 눈이 잘 보이는 사람들은 잘 보이는 사람끼리 더욱 높은 점수로 치열하게 경쟁하다 보니 일반인들도 상이나 메달이 한정적일 것이다. 이제는 선수들이 메달을 못 따거나, 월드컵 축구경기에서 졌더라도 야유를 보내지 말아야겠다.

오늘 한궁 경기는 나에게 뜻깊은 날이다. 같이 밥 먹으며 대회 에피소드를 나누며, 웃기도 하고 이틀 동안에 걸쳐 그들의 인생 얘기도 듣게 됐다. 그중 한 사람은 자신의 엄마가 "돈 좀 먹어보고 죽으면 한이 없겠다."고 했을 정도로 어릴 때 너무 가난해서 "어떤 날은 물만 먹었다."고 한다.

나도 한마디 거들었다.

"내 꿈은 청중 앞에서 멋들어지게 강의 한번 해보는 것인데, 이뤄질까요?" 했더니, 다른 사람이 "우리의 앞길을 열어주는 흰 지팡이가 힘이 되어 도와줄 거예요."라고 말한다. 그러면서 우리의 시각 장애는 아무것도 아니라고 했다.

지금 눈은 어둡지만 안마사 직업으로 돈을 벌어 어릴 때 먹고 싶었던 붕어빵도 실컷 사 먹고, 치킨도 한 달에 1번씩 먹을 수 있고, 자녀들 공부도 시킬 수 있으니 행복하다고 한다.

우리는 또 이런 대회가 있으면 다시 용기를 내어 도전해보자고 결의를 다졌다. 파이팅!

나에게 일이 있을 때 행복을 느끼며

홍순복

보이지 않는데 일을 할 수 있을까. 그러니까 보이지 않는, 어찌할 수 없는 한계를 인정하고 이를 어떻게 하지, 라고 하는 말은 나의 사전에는 없다. 비굴하지 않고 당당하게 나의 권리를 행사하며 사는 방식이 나의 신조다. 주어진 일을 마치고 대가와 보상을 받을 때 나의 존재감과 성취감에 스스로 만족한다.

"안 와도 돼, 안 해도 된다"라는 말은 나에게는 통하지 않는다. 집안의 경조사나 크고 작은 행사에 빠진 적이 없다. 직장 동료들에게 양해를 구하고 나의 빈자리를 부탁하며 시댁에 갈 준비를 한다. "안 가는 게 도와주는 거야. 가서 일이나 저지를 것을. 양념통이나 엎을 텐데" 하는 동료들의 농담은 귓전으로 흘려버린다. 그런 동료들 앞에서 나는 동서에게 전화를 걸며 "지금 출발하니 내가 할 수 있는 일을 꼭 남겨 놔야 해"라고 말한다.

초인종을 누르고 문이 열리면서 동서는 반갑게 맞으며 나의 손을 잡고 들어간다. 편한 옷으로 갈아입고 먼저 오신 분들에게 인사를 하고 나는 주방으로 가서 자리를 찾아 앉는다. 내가 할 수 있는 일은 단순하다. 양파 깎기, 쪽파 다듬기, 각종 야채 다듬기 등등이다. 다듬어놓으면 동서는 야채를 부지런히 날라 음식을 만들기 시작한다. 만드는 과정에서 "이거는 이렇게 해요, 이거는 어떻게 할까요"라고 물어보는 동서가 고맙다. 만들어진 음식을 간을 보라며 나에게 줄 때 "이거는 간이 좀 세지 않나, 이거는 싱거운 것 같다."라고 평가를 해주면 동서만의 비법으로 색다른 맛으로 음식이 완성된다.

준비된 재료를 바닥에 내려놓고 형님과 동서와 나는 둘러앉는다. 전을 부칠 준비를 하는 것이다. 전을 부칠 전용 팬에 불을 달구고 내가 잘 할 수 있는 동글동글 동그랑땡을 만든다. 넓은 판에 동그랑땡을 가지런히 놓고 동서는 그것을 날라 예쁘게 만들어 전을 부친다. 다음은 꼬치를 낄 차례다 형님과 동서에게 본보기로 하나씩 만들어달라고 한다. 꼬치는 끼는 순서가 있고 나란히 키를 맞춰야 예쁘게 만들어져 형님과 동서의 마음에 들게 된다.

손위의 시누와 손아래 시누가 들어온다. 손위의 시누는 자네가 왜, 손아래 시누는 언니가 왜 일을 하냐며 나를 꼭 안아주고 들어간다. 동서는 살짝 샘을 부리는 것 같다. 부쳐진 전을 종류별로 나에게 맛을 보라며 형님과 동서는 내 입에다 하나씩 넣어준다. 정이 듬뿍 담겼기에 너무나 꿀맛이다.

행사가 끝나고 뒷처리를 할 때 나는 부지런히 달려가 싱크대 앞에 선다. 한 손은 고무장갑을 끼고 한 손은 맨손이다. 맨손으로 감지하여 그릇을 씻어야 하기 때문이다. 형님과 동서는 음식과 반찬 정리를 하고, 날

라주는 그릇을 나는 씻으려고 한다. 평소에 쓰지 않았던 그릇들이 전부 나와 싱크대 안에서 당당하게 누워 있다. 나는 그것을 깨끗하게 닦아 물이 빠지는 넓은 판에 엎어놓고는 행주를 빨아 널고 고무장갑을 벗어놓으면 큰일이라도 한 것처럼 자신 있게 동서와 형님 앞으로 간다. 우리 셋이 둘러앉아 찻잔을 하나씩 놓고 묵은 이야기 보따리를 풀어 놓기 시작한다. 주로 이야기의 소재는 아이들 이야기, 남편들 흉보기다. 고개를 끄덕이며 하하 호호 살금살금 웃으며 우리는 속삭이며 얘기를 한다.

 한 분씩 가시고 나도 서둘러 갈 준비를 한다. 보이지 않는 나에게 일을 하게 해주는 동서와 형님이 감사하다. "안 보이니까 일을 하지 않아도 돼, 그냥 가만히 앉아 있어"라는 말은 나를 너무 힘들게 한다. 집안의 행사가 끝나고 돌아오는 길은 일을 다 마쳤다는 홀가분한 마음이 된다.

겨울이 지나가다

임 채 진

　이 소설은 3개의 소제목으로 이루어진다. 계절은 겨울이다. 주변 상가로 이루어진 시골집에서 어머니를 중심으로 미연(언니), 정연(여동생), 정미(강아지), 영준(목공)이 등장한다. 췌장암으로 이미 세상을 떠난 어머니를 회상하며 추억을 떠올린다. 슬픔을 잊고 자신의 길과 꿈을 향해 나아간다. 가족 간에 유대감이 점점 없어지는 오늘날이다. 그런 면에서 이 글은 내 곁에 있는 가족의 소중함과 그리움의 의미를 다시 한번 마음에 되새겨볼 수 있다.

둥지

　우리에게 둥지는 가족의 울타리를 말한다. 어머니를 병간호하면서 보이지 않았던 어머니의 소원과 모습들이 보이기 시작했다. 북유럽을 여행해 보고 싶다는 것, 강아지 정미를 위해 집을 제작했다는 것이다. 항암치료를 그만두는 그 시점에서 자신의 죽음을 받아들이고 얼마 남지 않은 생을 위해 칠십 평생을 이루고 있던 일상을 정리하는 것은 생각만큼 쉽지 않은 일이다.

　어머니는 이 세상에 태어나 소녀를 거쳐 성인이 되어 가정을 이루고 시골에서 지인들과 기사식당을 운영했다. 그 후 홀로 칼국수 집을 운영하며 딸 둘과 정미와 함께 평범한 일상을 누렸다. 그 울타리를 이루고 있는 무언가가 한가지라도 사라진다면 그 빈자리는 크게 다가온다. 장례식을 하기 전 입관된 어머니를 본 미연과 정연은 어머니로부터 돌아가시기 며칠 전 꿈속에 외할머니께서 나를 데리러 오셨다고 했던 말을 떠올린다. 세상을 떠나는 게 두려운 자신의 딸이 걱정되어 꿈속에 나왔다는 것이다. 어머니의 장례식에 갔던 가족들이 돌아오기만을 기다리던 정미 또한 어머니의 빈자리를 느끼지 않았을까?

　미연은 어머니가 정미를 데리고 함께 시간을 보냈던 장소에서 어머니를 그리워하는 마음으로 주변을 서성였다. 그렇게 둥지 안에 있는 무언가가 사라진다면 그 여운은 어떻게 해서든 남게 된다. 머무르는 기한 또한 천차만별이다. 제아무리 자식이 어른이 되어 가정을 이루고 아이를 낳아도 본인의 눈에는 아직 아이로 보인다는 말은 세상을 살아가는 부모의 마음이다. 죽음은 우리의 삶과 늘 함께 있다. 하지만 누구도 그 죽음이 언제 찾아올지 모른다. 우리는 본인도 알 수 없는 끝없는 기차 여행을 떠나야 한다. 그렇기에 지금 곁에 있는 가족 및 지인들과 함께하는 이 순간을 소중히 하고 아무리 작은 일이라도 기쁨과 슬픔을 나누어야 한다. 그 추억들로 인해 나중에 그 사람이 사라졌다 해도 잠시 슬픔에 잠겨있다가 서서히 선물 보따리를 풀 듯이 하나하나 다시 기억을 떠올려 볼 수 있을 것이다.

대한

사계절 중 하나인 겨울, 그리고 겨울 중에서도 가장 추운 절기인 대한을 맞이한다. 하지만 지금은 작년과는 다르다. 미연과 정연은 정미를 보살피던 어머니를 다시 한번 떠올리며 추억의 보따리를 풀어내는 시기로 접어든다. 미연은 어머니가 아끼셨던 물건들을 사용하며 추억에 젖어본다. 어머니를 떠나보내고 난 뒤 떠올려보기까지 많은 슬픔 속에 엉망이 되어버린 일상이 머릿속에 스쳐 지나갔다. 그 와중에 어머니가 정미에게 주려고 만들어 놓은 선물이 있다는 소식을 자기들은 모르고 있었다. 처음으로 강아지를 데리고 산책을 나온 날, 문이 닫혀있던 칼국수 집 문에 붙어있던 쪽지 한 장을 보았다. 그로부터 미연의 일상은 조금씩 변해간다.

그 쪽지에는 모르는 사람의 연락처와 함께 강아지의 집이 완성되었다는 소식이 적혀있었다. 미연과 정연은 어머니로부터 강아지 집을 제작한다는 이야기를 듣지 못했기에 놀라웠다. 정미를 데리고 목공소로 갔다. 그곳에서 영준이라는 남자 목공을 만나 어머니한테서 듣지 못했던 사실을 알게 된다. 어머니는 그 아픈 상황 속에서도 틈틈이 칼국수 집을 운영해 왔고 정미를 위해 강아지 집을 제작 중이었다. 얼마나 어머니가 정미를 가족처럼 여기고 사랑했는지도 느낄 수 있었다. 그 마음은 강아지인 정미에게까지 전해졌을 것이다.

목공인 영준이 미연을 통해 어머니의 죽음을 알고 명복을 빌어줬어도 미연은 마음에 돌을 얹은 듯 편하지 못했다. 그것은 아마 아직 남아있는 어머니께 해드리지 못한 것들에 대한 미안함 때문일 것이다. 우리에게도 곁을 떠난 사람에 대한 애틋한 감정들이 남아있다. 그건 추억과 함께 물들어간다.

미연이 추운 겨울을 보내며 아직도 버리지 못한 어머니의 물품을 하나씩 자신의 몸에 걸쳐보며 어머니의 냄새와 모습을 떠올려본다. 우리도 추억을 남기려 사진기를 이용하듯 물건들에는 그 사람의 재취와 향이 남아있다. 함께 해왔던 날들을 떠올리면서 슬픔을 치유하려는 유족들의 절차와 같다. 겨울철 따뜻한 칼국수 한 그릇은 많은 사람에게 포만감을 선사하고 따뜻한 웃음을 입가에 머무르게 했을 것이다. 어머니에게 그 한 그릇의 국수는 자신이 처한 상황에서 해줄 수 있는 작은 즐거움이었다.

미연은 목공소의 풍경을 보고 커피 한잔의 향기를 느끼고, 영준은 새벽에 보는 시골의 풍경에 마음이 끌려 이곳에 자리를 잡았다는 말을 미연에게 들려준다. 어찌 보면 자연의 풍경은 인간의 힘으로도 어찌할 수 없는 위대한 조화이다. 인간의 목숨 또한 매한가지다.

태어날 때와 이 세상을 떠날 시기 또한 모르는 것처럼 말이다. 그렇기에 우리는 하루를 살아도 열심히 사는 이유가 된다. 미연도 영준의 말을 듣고 어머니가 떠난 뒤 닫쳐있던 칼국수 집을 다시 연다. 어머니의 손때가 묻은 물건들과 재료를 이용해 칼국수 면을 만들기 시작한다. 미연은 영준과 이웃들 모두와 함께 그 맛을 보면서 아직 남은 추운 겨울을 보낸다. 그 추위도 서서히 지나간다. 얼었던 눈 또한 녹아가듯 미연의 마음에도 조금씩 봄이 찾아온다. 사계절이 있듯이 우리의 마음은 수시로 변한다. 평온하다면 따뜻한 봄일 것이요, 화가 나거나 열을 낸다면 여름으로 바뀐다. 약간의 냉랭함과 서늘함이 전해진다면 가을과 겨울을 오간다. 우리는 삶을 살아가면서 여러 번 마음의 기복을 겪는다. 그렇기에 최선을 다해 열심히 살아가는 수밖에 없다. 1년을 살아도 자신을 돌아보았을 때 후회가 남지 않도록 말이다.

우수

이제 겨울은 조금씩 우리 곁을 물러간다. 봄을 환영하듯 미연 또한 점점 일상생활로 돌아온다. 시골에 거주하시는 주민들이 미연이 계속 칼국수 집을 운영하는 것에 대해 놀라워하며 응원을 보내준다. 그 국수 한 그릇은 미연의 시린 마음에도 따뜻함을 들게 했다. 시간이 흘러 미연은 목공인 영준과 함께 두 달 전 세상을 떠난 스물셋 정도 된 사회 초년생이 살던 곳을 찾아갔다. 그곳은 2년 전 영준이 담당한 곳이었다. 그 아파트는 철거를 위해 집을 허물어야 하는 상황이었다. 그녀는 기한 내 집을 빼지 않았는데 강아지 미용과 관련된 여러 자격증을 따고 일자리를 알아보던 중이었다. 하지만 그 젊음은 세상의 무게를 감내하기에는 너무 여렸는가 보다.

그녀는 먼저 하늘로 간 할머니를 따라 훌쩍 가버렸다. 아마도 할머니의 빈 자리가 그 무엇으로도 채워지지 않았기에 홀로 남겨지고 나서의 불안감과 허전함에 어찌할 수가 없었던 것 같다. 우리가 살아가는 이 순간에도 우리 곁을 떠나고 생을 마감하는 사람들은 수없이 많다. 본인에게 있어 행복한 죽음은 함께 했던 가족들의 곁에서 생을 마감하는 것이다. 하지만 세상에는 그렇게 하지 못하고 홀로 죽음을 맞이해야 하는 사람들도 많이 있다. 그런 독거노인들은 아무리 따뜻하고 편안한 집이 있다고 하더라도 죽음의 앞에서는 쓸쓸히 눈을 감아야 한다. 그 죽음은 수십 일이 지나 주변 사람들에게 알려져 수습에 들어간다. 그렇게 보면 아무리 제도나 방법이 있다고 한들 사각지대는 존재한다. 또 나이가 적든 많든 상관없이 지병과 사고로 인해 갑작스레 생을 마감하는 사람들도 있다. 그 사람들은 하고 싶은 말과 마음을 소중한 사람에게 전하지 못한 상태에서 떠나가는 것이니 슬픔의 깊이는 헤아릴 수 없다. 자신의 마음에 못이 박힌 것처럼 눈을 감는 그 순간까지 흉터로 남지 않을까. 그리고 그건 소중한 사람을 먼저 하늘로 떠나보내고 살아가는 우리 또한 같다.

그녀가 혼자 외롭게 이 넓은 세상을 떠돌지 말고 무서워하지도 말며 자신의 가족인 할머니에게 잘 도착했으면 한다. 그러고 보면 우리에게 삶과 죽음이라는 단어는 공존한다. 살아가는 동안 매 순간 가족이라는 울타리 안에서 더욱 진한 물감처럼 흔적을 남긴다. 쉽사리 지워지지도 않는다. 아무리 지우려고 애를 써도 남기고 간다. 미연과 정연 정미와 주변 사람들 또한 그렇다. 미연은 어머니의 추억과 함께한 시간을 잊지 않고 마음속에 간직한 채 물려받은 칼국수 집을 운영할 것이다. 또 다시 봄을 맞이하고 조금 더 얼굴에 많은 미소로 어머니의 자취 속에 주변 사람들과 같이 또 다른 사계절을 보내게 될 것이다. 그 안에서 자신의 시간을 보내며 어머니와 함께한 순간들을 추억하면서 함께 앞을 향해 나아갈 것이다.

우리도 자신의 자리에서 평범한 일상들을 지내며 곁에 있는 가족들과 많은 시간을 보내고 추억들을 쌓으며 살아간다면 이 소설에서 보여 주는 가족의 울타리가 자신에게 있어 얼마나 소중하고 안락한 곳인지 느낄 수 있다. 소용돌이치는 이 세상은 험난한 바다와 같고 우리가 살아가며 주변에서 일어나는 일들은 휘몰아치는 파도와 같다. 그 안에서 가족은 든든한 배와 같다. 자신이 흔들리고 힘겨울 때 옆에서 자신의 편이 되어줄 수 있는 가족이 있다는 것은 축복과 보물을 얻은 것처럼 마음이 충만하며 더 이상 필요한 것이 없을 만큼의 기쁨이다.

이 독후감을 마무리하며

겨울철에 따뜻한 집 안에 온 가족이 모여 소소한 일상생활을 지내며 다시 한번 가족의 중요성을 느낄 수 있다. 어머니는 생을 마감할 때까지 가족과 함께하며 행복하고도 즐겁게 보내지 않았을까. 우리는 초년, 중년, 노년을 거쳐서 많은 일에서 풍부한 감정을 느끼고 남들과 공유하며 추억이 담긴 둥지 안에서 살아간다. 그 둥지 안에서 사계절의 변화를 느끼고 주어진 시간을 보람 있게 살다 보면 자신의 생을 마감할 때가 찾아올 것이다. 그때 조금이라도 본인과 주변 사람들의 모습과 시간을 다시 한번 되새겨 볼 수 있는 시간이었으면 한다. 우리 모두에게 있어 버팀목이 되어 주는 가족은 그 무엇으로도 비교할 수 없을 만큼 많은 의미를 지닌다. 각자에게는 또 다른 의미가 있을 것이다. 이 세상에 모든 단어를 가져와 가족의 의미를 설명해도 다할 수 없다. 한 명의 인간으로 태어나 자신의 인생 속에 가족이라는 울타리를 만들어 살아간다면 그 포근함과 안정감은 인생을 살아가는 힘이 된다.

　추운 겨울이 지나가고 봄이 찾아오듯이, 먼저 곁을 떠난 가족으로 인해 힘들더라도 본인의 인생을 위해 열심히 살아가는 모습이 제일 마음에 와닿았다. 가족의 빈자리를 그리움으로 간직하면서 꿋꿋하게 살아간다면 먼저 떠나간 그 사람도 저 드넓은 하늘에서 외로워하지 않을 것이다. 우리가 일생을 열심히 살다 죽음을 맞이할 때쯤 그동안 참 고생이 많았다고, 이제 편히 쉬어도 괜찮다고 말을 건네주는 사람이 옆에 있다면 행복한 인생이지 싶다.

시각장애인들의
나를 치유하는 글쓰기

5부 마음으로 보는 세상

마음으로 보는 세상

홍 순 복

 누가 그러라고 했나, 누가 보지 말라고 했나. 아무도 그런 이는, 아무도 그런 적은 없다. 한때는 세상을 원망하며 살기도 했었다. 아직 시력이 조금 있을 때였다. 결혼하고 아이들을 조심조심 기를 때 눈으로 보고 사물을 집으러 가는 것보다는 손이 먼저 나가는 행동을 할 때가 있었다. 가족들은 아무렇지도 않게 받아들였다.
 네 식구가 둘러앉아 식사할 때 생선 가시를 발라주는 것은 남편의 몫이 됐다. 밥 먹는 것도 잊은 채 그 임무에 열중하는 남편, 우리는 그 모습을 지켜보고 있다. 다 발려진 생선은 아이들 접시에 나란히 놓아주고 나머지는 나에게 준다. 우리는 이제부터 밥을 먹기 시작한다.
 세월은 흘러 어느 날, 시각 장애인 언니가 깜깜한 곳에 앉아 컵라면 먹는 것을 의아하게 생각했는데 내가 그렇게 하고 있지 않은가? 집에 놀러 오는 친구들은 들어올 때 불을 켜고 갈 때는 당연하듯이 불을 끄고 간다. 가끔은 나도 방마다 아니 스위치가 있는 곳마다 불을 환하게 밝히고 마음으로 기도해본다. 나도 이렇게 밝게 볼 수 있으면 하고….

내가 만약 눈을 볼 수 있다면 제일 먼저 보고 싶은 것은 손주들의 모습이다. 지금도 오늘도 마음속으로 그런 기도를 하며 시간을 보낸다.

우리 집에는 '꽃님이'와 '당당이'가 있다. 꽃님이는 얼마 전에 선물 받은 장미 화분이다. 당당이는 나와 같이 5년 동안 살아온 파란 잎이 내 얼굴만한 큰 잎의 나무이다. 나는 아침에 일어나면 당당이에게 인사를 한다.

오늘은 봄이면 잠깐 왔다 다녀가는 후레지아 꽃을 한 다발 사야겠다고 마음을 먹는다. 화원에서 한 다발 밖에 남아 있지 않은 그 꽃을 샀다. 후레지아는 아무런 용기에 담아도 화병이 된다. 정리된 후레지아를 식탁에 옮겨놓고 가만가만 만져 보며 이야기를 건넨다. 너는 왜 이리 키가 작냐고, 너는 왜 이리 가냘프냐고, 수줍은 듯 후레지아는 말이 없고 고개만 숙여있다. 노랑 후레지아 꽃을 보며 커피 한잔을 마시면서 식탁에 앉아 살아온 날들을 돌아보며 생각에 잠겨본다. 살아오는 과정에서 어느 때는 물질적으로는 풍족했을지 몰라도 마음은 늘 가난했었다. 그러나 지금은 시력이 닫혔기에 마음은 부자인 것 같다. 나는 마음으로 보는 세상에서 나만의 시선으로 걸어가고 싶다.

행복한 가정식탁

정 미

 "빨리 일어나, 밥 먹고 학교 가고 회사 가야지. 어서 김치도 먹고 나물도 먹고 밥은 남기지 말고 다 먹고 양치질해야지." 나는 그냥 밥을 차려 놓고 자식이 남편이 밥을 한 그릇 먹어주면 내 배가 불렸고 나는 안도의 숟가락을 내려놓는 것으로 만족을 했다. 나는 자식과 남편의 건강을 돌볼 식단은 생각지도 않고 그저 밥 한 그릇 먹이는 게 하루의 일과였다. 이제 나이가 많이 들어 희끗희끗한 머리칼이 보이니 주변도 둘러보고 멀리 있던 내 가족을 내 마음속에 끌어당겨 보게 되었다.

 어느 날 라디오에서 '어머니와 함께 가정 식탁'이라는 프로그램을 듣게 되었다. 내가 알아 온 밥상과 말 자체부터 품격이 달랐다. 어릴 때 엄마는 바빠 챙겨줄 수 없었다. 나는 배가 고프면 과자 하나 주워 먹고 대강 밥통에 있는 밥을 퍼서 있는 반찬에 한 숟갈 먹으면 끝이었다. 엄마와 나, 단 둘뿐이었지만 같이 밥 먹은 적은 별로 없었다 그렇게 못 사는 집은 아니었지만 그랬다. 언제나 학교에 갔다가 해가 지고 나면 집에 돌아왔다.

배고프지 않으면 그냥 잠을 잤고, 고프면 부엌에서 한 숟가락 먹었다. 그런 생활이 당연한 줄 알았으니 남들도 그렇게 사는 줄 알았다.

 이런 상황으로 결혼을 했으니 나의 가정에 무슨 아름다움이 있었겠는가. 지나놓고 보니 엄마의 역할이 많음을 깨닫게 됐다 엄마는 종합병원이 되어야 하고, 유능한 상담사이면서 살림을 잘 파악해 낭비도 하지 말아야 했다. 또한 자녀들이 할 수 있는 스포츠는 무엇이며 어떤 학원이 좋으며 아이들이 나중에 커서 사회에 나가서 잘 살 수 있도록 준비해 주어야 했다. 대인관계와 분노 조절, 취미 생활과 악기를 가르쳐 바르게 성장할 수 있도록 도와주지 못했다.

 그런데 우리 가정의 식탁은 엉망진창이었다. 내 얘기를 듣는 사람 10명 중 서너 명은 옛날에 다 먹고 살기 힘들었는데, 누가 그렇게 엄마가 자녀의 꿈을 살피고 무엇을 하고 싶어 하는지 신경 쓸 겨를이 있었겠냐고 반문할 것이다. 하지만 나의 기억을 끄집어 살짝 보았더니 친구 집에 가면 아버지. 어머니 친구 동생 오빠 그렇게 도란도란 앉아서 맛있는 밥을 먹으며 얘기하는 것을 보았다. 또 어떤 집은 마당 양쪽에 잔디가 깔려 있었고 집에 들어가니 거실에 흔들의자가 있었고 책상이 있고 책들이 꽂혀 있는 방이 있었다. 또 어떤 친구집은 어머니가 오븐에서 맛있는 과자를 구워 이거 먹으면서 이야기하라고 주었다.

 어떤 집은 엄마가 문밖에 기다리고 있다가 가방을 들어다 주면서 "오늘 수고했다"라고 했다. 그러면서 "떡 쪄 줄 테니까 친구랑 공부하면서 먹거라"는 말도 들었던 것 같다.

그런데 나는 결혼 후 어릴 적 기억 속에 있던 친구들의 좋은 가정 식탁은 잊어버리고 귀찮은 듯이 성의 없는 밥상을 계속 내밀었다, 나는 떠올리기도 말하기도 부끄럽지만, 이 세상에 태어나 엄마로서 아내로서 책임감이 하나도 없는 무지랭이였다. 그래서 행복한 가정을 이루는 데는 실패했다, 후회는 있지만 그렇다고 누구를 원망하지 않는다. 이제는 돌아오지 못할 강을 건너고 싶지 않다. 나는 그들의 보호를 맡은 청지기임을 깊이 깨닫는다.

그래도 늦게나마 하나님이 나에게 마지막 소명을 준 것 같다. 다시 만난 이 남편, 그의 정신건강이나 육체 건강을 보살펴야 한다. 또 그가 어떻게 살아왔으며 그의 꿈이 무엇인지도 들어봐야 한다. 그리고 그의 일상생활이 재미가 있는지, 나하고의 대화 중에 어떤 걸 싫어하는지, 무엇을 하기를 원하는지, 고민은 무엇인지를 조금씩 살펴서 오순도순 이야기가 흐르는 행복한 식탁으로 그를 초대하고 싶다.

그렇게 하려면 나를 먼저 살펴야 한다. 나부터 건강해지고 여유가 생기고 내 상처를 치유하고, 내게 무슨 잘못이 있었는지 내가 무엇을 못 하는지 내가 무엇을 잘 아는지 내가 무엇을 할 수 있는지 내가 원하는 것은 무엇인지 내가 힘들어하는 것은 무엇인지 말이다. 나를 잘 성찰하고 나의 부족한 점과 나의 아픔과 또 내가 또 배워야 할 것은 무엇이며, 내가 이 가정에 아름다운 식탁을 위해서는 먼저 내 마음이 넉넉함을 얻고 웃음을 찾아야 한다. 남편과 자녀들이 먹는 그 식탁을 풍요롭게 아름답게 만들어가야겠다.

그래서 남편은 남편대로 집 안에 들어오니 편안해서 밥이 맛있고 그 밥심으로 바깥에 나가서는 다른 사람에게 온유하게 대하며 용기 주는 사람으로 이끌고 싶다. 또 두 아들에게 엄마가 행복한 밥상을 차려 줌으로써 그의 아내와 자녀들이 커서 훌륭한 사람이 될 수 있도록 웃음을 주는 따뜻한 가족 식당으로 이끌고 싶다.

오늘도 하루가 시작되었어요. "여보, 반찬은 상큼한 김치와 따뜻한 국, 소망과 사랑의 나물 반찬이야. 오늘도 우리 힘내자!"

방학

길옥순

나의 어린 시절 방학을 그려 본다. 당시 국민학교에 다니던 나는 해마다 방학을 무척 기다렸다. 모두 그렇겠지만 나에게는 특별한 이유가 있었다. 학교에는 잘 가는데 교실에 들어가기는 싫었다. 수업시간에 선생님께서는 칠판에 분필로 글씨를 쓰시며 설명을 하시고 나중에는 공책에 적으라 하신다.

나는 학교 다니면서 한 번도 칠판 글씨를 보고 공책에 적어 본 적이 없다. 그러다 보니 언제나 선생님께 야단을 맞거나 벌을 서야만 했다. 글씨가 안 보인다고 해도 왜 안 보이냐며 그러면 앞자리에 앉으라고 하시는데 그래도 마찬가지였다.

친구들과 노는 것이 좋아서 학교는 가지만 공부는 뒷전이었다. 그러므로 방학이 되면 공식적으로 학교 가지 않아도 되기 때문에 엄청 좋았다. 그런데 방학 숙제는 왜 그리 많은지 공부를 소홀히 하다 보니 문제 풀기도 쉬운 일은 아니었다. 그 이외에도 퇴비 한다고 풀 베기, 쥐꼬리 잘라오기, 곤충 채집하기, 식물 채집하기 등등.

이런 걸 어린애들한테 왜 시키는 건지. 방학은 좋았는데 숙제는 정말 싫었다. 그렇게 어영부영 6학년이 되었는데 여름 방학이 끝나고 학교에 가니 무언가 분위기가 이상하였다. 친구들은 중학교에 간다며 쉬는 시간에도 밖에서 놀지도 않고 열심히 책도 보고 자기들끼리 갈 중학교에 관해 이야기를 나누는데 나만 외톨이가 되어 친구들의 이야기만 듣고 있었다.

친구들은 예쁜 교복과 갈래머리에 멋진 모습을 하고 중학교에 다니고 나만 집에서 청소하고 빨래나 해야 하나 생각하니 정신이 번쩍 들었다. 괜히 심술도 나고 나만 혼자라는 생각에 서럽기도 하였다.

그럴 수는 없었다. 지금부터라도 공부해서 중학교에 가야만 했다. 그런데 학교 선생님께서는 너는 중학교에 갈 수가 없다. 그렇게 공부도 안 했는데 그 성적으로 어느 학교에 원서를 넣고 시험을 치겠냐며 야단을 치셨다.

그때가 13살이었다.

가을 들녘에 벼는 누렇게 익어가고 농부들은 이집 저집 몰려다니며 벼 베기가 한참이었다. 나는 그런 논둑길을 따라 걸으며 마음속으로 다짐을 했다. 반드시 중학교에 들어갈 거라고.

그날 이후 나는 할아버지의 돋보기안경을 쓰고 6학년 전과와 수련장 또 다른 문제집들과 씨름에 들어갔다, 하지만 기초가 없는 나에게 쉬운 일은 아니었다. 특히 산수 문제는 뭐가 뭔지 어떻게 풀어야 하는지 공식이 있다고 하지만 도대체 머리만 아팠다. 안 하던 공부를 한다고 끙끙거리고 있다 보니 우리 식구들은 모두 나의 과외선생으로 변해있었다. 한문이 나오면 할아버지께서 알려주셨고, 산수 문제는 공무원인 아버지와 고등학교 다니는 오빠, 자연과 사회문제는 전과에서 답을 구했다. 이렇게 두 달 넘게 파고들다 보니 조금은 알 것 같았다.

진작 공부하였더라면 하는 아쉬움과 먹고 놀기만 일삼던 나를 다잡아 주지 않은 가족들을 원망하기도 했다. 마침 기말고사가 며칠 앞으로 다가와 선생님께서 알려주신 시험 범위를 열심히 공부하여 시험을 쳤다.

그런데 선생님께서 부르시는데 칭찬을 해주시겠지 하는 기대감으로 갔더니만 전혀 뜻밖이었다. 선생님 목소리에는 화가 잔뜩 들어있었고 손에는 회초리를 들고 있었다.

내가 컨닝을 했다고 단단히 오해하신 것이다. 그도 그럴 것이 그동안 학교에서는 아무런 내색 없이 공부했으니, 친구들이나 선생님 모두 알 수가 없었던 것이다. 화가 나신 선생님은 나보고 거짓말을 한다며 바른대로 말하라고 하는데 내 말을 듣고서도 믿지를 않으셨다. 칭찬은 고사하고 종아리까지 맞고 집으로 돌아오는데 서럽기도 하고 억울하기도 하였다. 하지만 눈이 잘 안 보인다는 이유로 책을 멀리한 것에 대하여 뉘우치며 많은 반성도 하였다.

다음 날 아침, 엄마는 학교에 가서 선생님께 그간에 일을 이야기 하셨다. 그날 오후 수업이 끝나고 선생님은 내게 힘내라며 머리를 쓰다듬어 주셨다. 뒤늦었지만 그 일은 나의 인생의 전환점이 되었다.

추억 한 줄

김재심

  오후 두 시쯤 처마에 매달려 있는 고드름이 서서히 옷을 벗기 시작하면서 이런저런 추억이 떠오른다.
  마루 끝에 걸쳐 앉아 숙제도 하기 싫고, 공부도 하기 싫고 놀 친구도 없다. 물이 귀한 시절이니 고드름이 녹아내리는 그 물을 받아 청소하는데 손이 너무 시려 그 손을 품속에 넣었다가 다시 하고를 반복한다. 아직 청소가 끝나지도 않았는데 물이 없다. 구름이 햇빛을 가려 고드름이 녹지 않기 때문이다.
  그렇다고 청소를 안 하면 어머니한테 혼난다. 숙제한다고 공부한다고 방에만 있게 되는데 청소가 덜 된 방에서 책을 펼쳐놓고 있으면 옆에 계시는 어머니 말씀이 생각난다. "이제 안 아프냐 괜찮냐" 창밖이든 방 안이든 혼자 앉아 있으면 옆에 오셔서 묻곤하셨던 어머니는 지금은 계시지 않지만 겨울이면 더 생각난다. 꽃 피는 봄이 오면 꽃을 꺾어 나에게 주시면서 아름답고 예쁘게 커라 건강한 여인은 아름답고 예쁘다고 했던 어머니.
  공부는 그다음이고 건강이 첫 번째, 건강에 문제만 없으면 효녀라 하면서, 청소해 놓지 않아도 숙제하지 않아도 아침에 일어나 학교 간다면 얼굴이 밝아지셨던 어머니. 거기에다 시험지에 백 점을 받아오면 밥 안 먹어도 배부르다고 하셨던 어머니. 지금은 아름다운 저 하늘 꽃 궁궐에서 아무런 시름없이 지내고 계시겠지.

별꽃

조 남 수

하늘에 핀 꽃을 별꽃이라고
마음에 피는 꽃은 사랑이라지요.
내 마음은 언제나 사람답게 살 거라고 생각했지.
어느 자리 누구에게나 필요한 사람이 되리라고
마음은 행복을 만들고, 불행도 만든다는 것을
내 마음을 좌우하는 보이지 않는 일부분이 마음이죠
마음 한 번 잘못 먹어 작은 것을 용서하지 못하여
큰일이 생길 수도 있어요.
마음은 항시 긍정적인 생각으로
오늘 수업 시간에 내 맘을 꺼내 보았죠.
매일매일 내 마음은 빤짝빤짝 별꽃을 피우리라고.

세월

조남수

나는 가는 세월에다 내 몸을 실었다네
지나도 지나도 종점은 보이지 않았지
나이는 한 살씩 늘어가고
10대 20대 늘다 보니
10년이면 강산이 변한다 했는데
내 나이가 10년이 9번 되었네

세월에 실려 밤낮 쉬지 않고 와보니
도착시간 되었다고 준비하라네요
나는 완행열차 탄 줄 알았더니
급행열차였나 봐

내 나이는 친구가 가르쳐주고
나는 나이도 잊고 살았나 봐

청춘도 노년을 비켜갈 수 없다는걸
이제 알았소

젊은 친구 나도 당신 나이 있었다네요
늙은 것이 잘못도 아닌데
왜 나는 죄지은 마음일까

뜨거운 여름

정 미

태양도 외로운가 보다
하늘에 혼자 떠 있으려니 외로운가 보다

태양이 땅에 내려왔다
우리들과 함께 놀고 싶은가보다
우리들의 얘기를 듣고 싶은가보다
우리 안방에 아침부터 들어와 있다

겨울에도 여름에도 안방에 오는 태양
한겨울에는 태양이 우리 안방에 들어오면 나는 반가왔다
그런데 더운 여름에 태양이 우리 안방에 아침부터 떡하니 앉아 있으니
너무 답답하고 뜨거워 힘들다

사람도 혼자 살면 외롭다 외롭다고 하다가

누군가와 함께 오래 있으면 덥고 답답해진다

나도 혼자 있을 때는
매미가 나무에서 울면
"너는 밥 먹었니?"
또 귀뚜라미가 울면
"너는 우는 거니 노래하는 거니?"
이렇게 대화했다

그런데 막상 사람들 속에 어울려 얘기를 하다 보면 충돌이 생기고
또 너무 뜨거워 약간 거리를 두고 싶다

적당한 거리는 어떻게 맞출 수 있을까
혼자 있을 때는 너무 추워서 사람들과 가까이하고 싶고
너무 가까이하면 너무 뜨거워서 조금 멀리하고 싶다
이 거리를 어떻게 조정할 수 있을까

사람들은 아마 세상 끝날 때까지 차지도 뜨겁지도 않은 그 온도를 맞추어 갈려고 노력하며 사는가 보다
그래서 늙어서는
고향을 찾게 되고
신께 의지하게 되나 보다

뜨거운 여름

나의 인생을

아름다운 꽃과 바다가 있는

내 고향의 가을처럼

항상 시원하고 넉넉하게 보내기를 소망해 본다.

고맙습니다

홍 순 복

거기 있어 주어 고맙고
내가 여기 있어 주어 감사합니다.

갑상선 암 7시간 수술을 마치고
잠에서 깨어보니
가족들은 내 손 꼭 잡고 있네

그 손을 놓칠까 봐 나도 같이 잡고 있네.
모든 것에 고마움을 느끼고
새로 태어난 마음으로 살아가련다.

추석

홍 순 복

기다리던 추석이 언제 오나하고
손가락 열 개 하나하나 접어보네
새옷 새 신발 생기는 날이네
추석 아침 가족들과 차례 지내고
맛있는 음식 많이 많이 먹고
새옷 새 신발 챙겨 입고
동네 한바퀴 돌아보네
사람들 많이 모여있는 곳 나도 한번 서 보네
아무도 내 새 옷과 새 신발에는 관심도 하나 없네
집으로 돌아와 오두만이 앉아 생각해 보네
저녁이 오기만을 기다리며 둥근달 생각하네
보름달 쳐다보며 소원빌까 생각하네
어떤 소원 빌까 행복한 고민 하네

나그네와 길모퉁이

홍 순 복

길을 사이에 두고 왼쪽에는 녹색과 초록색이
어우러져 있는 산들이 있고
오른쪽에는 들판에 농부들이 소를 몰며
논에 써레질을 하고 있네.

나그네만이 알고 있는 목적지
첫 번째 모퉁이, 두 번째 모퉁이,
세 번째 모퉁이를 돌아가도 목적지는 보이지 않네.
지친 듯한 나그네의 발걸음 집세기도 지친 양 발가락이 쑤욱~ 나오네.

또 하나의 모퉁이를 돌아보니 나그네의 목적지가 보이네.
긴 한숨과 함께 빨라지는 발걸음
시야에 들어온 목적지는 멀기도 하네

내리는 비

홍 순 복

우르릉 쾅 우르릉 쾅 요란한 천둥소리와
번개는 번쩍번쩍
기다리기라도 한 듯 쏟아지는 세찬 빗줄기
웅장한 건물들도 커다란 나무들도 다소곳이 그 비를 맞고 있네

시원하게 목욕을 마친 건물들과 커다란
나무들
축축히 젖은 건물도 축축히 젖은 나무들도
그 자리에 그렇게 서 있네

길가는 행인들은 축축히 젖은 옷을
툭툭 털고 있네

맑은 하늘은 비가 언제 왔냐는 듯
비아냥거리고 있네

당신은 나의 거울

홍 순 복

당신이 리어카를 끌고 가면 나는 뒤에서 밀어주고
당신이 트럭을 몰고 가면 나는 조수석에 앉아 있고

또한 당신이 사장님이 되면 나는 사모님이 되고
당신이 내 앞에서 사라지면 거울은 깨어져 조각이 되어 있고
깨져있는 거울 조각은 어떻게 재생할꼬

비

홍순복

비가 내리려나 흐리멍텅한 하늘 잠시 후 우르렁 쾅쾅
우르렁 쾅쾅 쏟아지는 빗줄기
큰 나무들도 커가란 건물들도 쏟아지는 비를 피할 수 없나 보네
길을 가는 행인들도 젖은 옷을 툭툭 털며 당연한 듯 그 길을 가고 있네

소나기는 멈추고 깨끗하게 청소한 곳곳마다 할일 다한 듯
천연스럽게 그 자리에 쿡 박혀 있네
길가는 행인들도 젖은 옷을 추스리며 가던 길 재촉하고
창문 열고 내려다보는 내 마음은
이유를 알 수 없는 쓸쓸함과 허탈함

9월의 꽃집

조남수

국화의 계절이라서인지
꽃집마다 꽃들이 만발하였네

아주머니 손길도 바쁜 듯이 색깔 맞춰
줄지어 놓고 오가는 행인들에게
꽃을 시집보내려 선을 보이느라
동동거리네
색깔도 여러 가지 모양도 다양하구나
우리 집 베란다엔 무슨 색깔 고를까?
노랑, 분홍, 진분홍색을 골랐다.
하나는 외로워 둘도 외로워
세 가지 색을 고르고 주인아주머니에게
택시에 실어주세요
꽃송이 꺾일세라 우리 집 베란다에

나란히 놓았다.
베란다는 고급 가구가 들어온 듯 환해졌다
수돗물 틀어놓고 듬뿍 물을 주었지
창밖으로 불어오는 바람결에 꽃들은
춤을 추듯 흔들어대었다오
아침에 눈을 떠 베란다 문을 열어놓고
돌아보니 식구가 늘은 듯 나 혼잣말로
꽃에 말을 걸었다오
꽃들아 너희 속에 내 호박꽃도 같이
피어볼까? 하하
꽃들도 예쁜 미소를 주는 듯 보였죠
꽃봉오리도 아침저녁으로
더 많이 피었구나
벌과 나비의 사랑 꽃 되리라
오래오래 지지 말고 피어 있어다오

문풍지의 노래

양 경 화

바람 부는 날이면
고향집 창문 문풍지가
브으웅, 브-으웅.
가볍게 떨곤하였다.

내 마음의 창도
어느새 문풍지가 되어
가볍게 떠는구나!
노래를 하는구나!

말없이 흐르는.
세월의 강물 소리인가?
이슬비 소리인가

아니야! 아니야!
조용히 흐느끼는
슬픈 기타의 선율이로세
예전에 왜 몰랐을까
문풍지가 가볍게 떨며 웃고 웃는 것을
나이가 들수록
여전히 불안과 설움이 차오르는 까닭을

참 아름다운 여름날의 추억

홍순복

찌르르 찌르르 찌르르 창문 저쪽에서 들려오는 귀뚜라미 우는 소리가 들린다. 가을을 알리는 신호인데, 왜 이리 더운 거지?

잠은 오지 않고 귀뚜라미 소리만 유난히 크게 들려온다. 여러 가지 생각들이 엉켜 엎치락뒤치락하고 있을 때 전화벨 소리가 들린다. 전화기 속에서 아주 반가운 목소리가 들렸다.

"현이구나?"

"정말 오랜만이야. 너도 안 자고 있었니?"

"응."

"너 생각이 나 이 시간에 전화했어."

"참 덥지." "그래 말이야."

모기 주둥이도 돌아간다는 처서가 한참 지낸 이 시점에 더위를 얘기하고 있다니 세상이 많이 변한 것 같다. "현아 더위 얘기는 그만하고 우리 얘기하자. 너는 요즘 어떻게 지내고 있니?"

"너는 서울, 나는 대전, 우리가 보지 못한 지도 벌써 몇 년이 되었네."

서로 안부를 묻고 근황도 챙기면서 즐거운 그때를 떠 올리며 추억 여행을 한다.

"어느 해 8월 중순 너와 우리 가족 또 다른 두 가족과 함께 경기도 태촌으로 1박 2일로 여행 갔었지. "어른 여덟에 아이들 아홉, 총 열일곱 명이 이동하려다 보니 참으로 요란스러웠지."
"그래 맞아."
"그래도 그때가 참 재미있었어. 너 그때 그 일 생각나니?"
남자들은 텐트 치기 위해 바쁘게 움직였고, 여자들은 먹을거리를 만들기 위해 가스레인지에 불을 붙여 부침개를 부치고 지글지글 맛있는 냄새가 코를 찔렀지. 일을 끝낸 남편들도 냄새에 끌려 둘러앉아 먹을 채비를 하고는. 그때는 무엇인들 맛이 있을 때라, 익기도 전에 후딱후딱 먹어 치우고 우리는 굽기 바빴지."
"현아, 너 생각나니?"
식사를 마치고 앞 냇가에 가서 설거지하고 돌아와 보니 남자들이 온데간데없었고 아이들만 와자지껄 놀고 있었지. 우리는 서로 아이들을 챙겨 잠을 재우고는 텐트 밖으로 나왔었지.
"현아, 너는 그때 기타를 가져왔었지?"
"응"
여자들이 동그랗게 모여 앉아 네가 기타 치면 우리는 반주에 맞추어 '모닥불 피어놓고', '별이 빛나는 밤에' 등등 노래를 하였지. 시끄러웠던 주변이 갑자기 조용해지면서 모르는 남자들이 몰려와 "같이 합석합시다"

하며 주변에 둘러앉았는데 우리는 개의치 않고 노래를 계속 불렀지. 함께 노래를 부르면서 손뼉 치고 노니 더 즐거웠는데, 그때 어디서 나타나는지 남편들이 다가와서 갸우뚱거리며 우리를 한번 째려보고는 아는 척도 하지 않은 채 같이 노래했었지. 눈치챈 모르는 남자들은 슬금슬금 꽁무니를 빼면서 사라지고. 참! 한여름 밤의 아름다운 시간이었지.

한참을 놀다가 남편들은 텐트로 돌아가고 우리만의 시간이 찾아와 냇가로 가서 '첨벙첨벙' 물소리와 '하하 호호' 웃음소리는 밤하늘의 별들조차 우리를 내려다보며 같이 웃어 주는 것 같았지.

"현아, 그때가 그립지 않니?"
맞아 생각해보니 우리가 언제 그런 적이 있었나 까맣게 잊고 살았네. 그때는 아이들도 어렸고 지금은 그 아이들이 성인이 되었으니 그만큼 세월이 흐른 거지

"현아, 우리 언제 만날까?" 서희는 충북 괴산에 살고 동철네는 아들이 서울에서 태권도장을 하고 있다는 소식을 들었어, 언제 서울 가기 전에 미리 연락해 넷이 한번 모이자"

"그래, 너는 대전에서의 생활이 재미있니?"

"우리 나이에 무슨 재미를 따지며 사니?" 가족들 뜻에 맞추어 마음 편하게 살면 되는 거지, 아프지 않고 복지관에 다니며 이런저런 프로그램에 참여하고 있어. 그중에서도 '나도 작가다'라는 프로그램이 있는데 글쓰기 반이야! 일주일에 한 번 수업하는데 예비 작가인 우리가 쓴 글을 가지고 가면 강사께서 읽어주고 함께 합평을 하는 시간을 가져. 의외로 재미있어.

"현아, 이해되지?"

"어, 그럼 너도 예비 작가니?" "왜? 나는 하면 안 되니?"

"아니~~ 대견스러워서 그래."

"야, 우리 언제 잘 거니? 벌써 새벽 2시야?"

"이제 우리 전화 끊고 자야겠지."

"그렇네. 우리 시간 가는 줄 모르고 이야기했네."

우리는 아름다운 추억을 묻으며 다가올 또 다른 행복한 추억을 기다리면서 각자의 꿈속으로 달아났다.

마지막 계단에서

길옥순

　오전에 성당 다녀와서 냉장고를 정리하였다. 새로 장만한 김치냉장고를 내일 아침 7시 30분쯤 배송하겠다고 기사가 알려준다. 갑자기 마음이 분주해진다.
　냉장고 정리를 하고 쓰레기를 버리러 내려가다가 그만 마지막 계단에서 몸이 앞으로 휘청하더니 반 바퀴를 돌아서 옆으로 넘어졌다. 시각 장애인에게는 늘 마지막 계단이 문제다. 한참을 그렇게 있다가 몸을 조금씩 움직여 보려고 하는데 왼쪽 다리에 통증이 너무 심하여 움직일 수 없었다. 나도 모르게 눈물이 펑펑 솟구쳤다.
　계단을 엉금엉금 기어서 방으로 들어와 119에 신고하고 기다리는데 별별 생각이 다 들었다. 이대로 다시는 걸을 수 없는 것은 아닌지, 하는 서러움에 한참을 울었다. 얼마 후 119 대원들이 도착하여 이리저리 나의 몸 상태를 확인하더니 "아무래도 고관절 부근에서 골절이 생긴 것 같다"는 듯이 말하였다. 병원 응급실에 도착하니 마침 활동지원사 선생도 도착하였다. 119 대원들에게 감사의 인사도 못 드렸는데 참 고마운 분들이다.

몇 번의 영상 촬영 결과 치골 부분에 골절이란다. 수술도 깁스도 할 수 없다며 가만히 누워있어야 한다고 한다. 8월 초순이다. 간호 병동은 후덥지근하고 끈적거려 이래저래 짜증이 났다. 아무런 준비 없이 응급실에서 병실로 옮겨졌으니 당장 필요한 세면도구며 평상시에 먹던 약을 챙겨야 했다. 어쩔 수 없이 밤 11시경, 천안에 사는 아들한테 전화했다. 다음날 새벽 1시가 넘어서 도착한 아들은 간호사실에서 자세한 설명을 듣고 거꾸로 나를 안심시켰다.

상체를 30도 이상 일으키면 안 된다고 간호사가 말한다. 기왕에 다쳐서 아픈 것은 아픈 것이고 문제는 더위다. 병실 온도가 너무 높아 땀이 줄줄 흘렀다. 하룻밤 자고 나니 등 전체에 땀띠가 생기기 시작하였다. 여기는 모두 무릎관절 수술한 어르신들이다. 병실에 있는 TV며 모든 리모컨은 입실이 가장 오래된 분이 갖고 있었다. 하루는 춥다며 에어컨을 아예 끄고 주무신다. 너무 이기적이다. 그 바람에 나는 온몸에 땀띠가 퍼지고 욕창이 생겼다. 움직이면 다리가 아프고 가만있으면 등 전체가 가렵다. 병 고치러 왔다가 더 병이 생기는 듯하다.

그런데 그 분은 퇴원 무렵에는 오히려 감기에 걸렸다며 호들갑이다. 그 분이 퇴원하고 나서야 병실 공기는 서늘하게 바뀌어 땀띠가 조금씩 가라앉았다.

그로부터 일주일 뒤 나도 요양병원으로 옮겼다. 특별한 치료가 필요 없는 나에게는 병원 이동은 크게 문제 되지 않았다. 오로지 시간과의 싸움이었다. 이곳은 또 다른 세상이었다. 낮에 조용하던 어르신들께서 밤이면 돌변한다. 멀쩡한 정신으로는 함께하기가 여간 어려운 게 아니다. "자다 말고 갑자기 밥을 왜 안 주냐며 소리소리 질러대지를 않나, 간병인은 왜 일 안 하고 잠만 자냐며 일하러 왔으면 일을 해야지 환자들을 편안하게 해줘야 하는 거 아니냐"며 난리다. 결국 간호사가 등장해서 교통정리를 한다.

그렇게 일주일을 보내고 나니 도저히 견딜 수가 없어서 처음으로 워커라는 보조기구를 빌려 걸음 연습이나 해야겠다고 의료기업체에 연락했다. 간호사들은 넘어지면 어쩌려구 그러냐며 가만히 침대에 누워있으란다. 하지만 넘어질 때 넘어지더라도 재활해야겠다는 생각에 한발 두발 걸었다. 물론 처음에는 한발 들기도 어려웠지만 점점 늘어나는 발걸음 수에 자신감이 생겨 병원 복도를 여러 번 왕복하게 되었다. 이어 목발을 구입하였다. 워커와 달리 목발은 내가 움직여야 걸을 수 있다. 걸을 때 겨드랑이에 목발의 상부가 딱 붙어 있어야 하는데 몸이 먼저 가려고 앞으로 나갔다. 하지만 혼자서도 할 수 있다는 자신감이 생겼다. 간호사한테 퇴원하겠다고 연락하였다. 병원장은 괜찮겠냐며 걱정하면서도 격려를 해주셨다.

퇴원하여 집에 오는 내내 계단 오르기가 걱정은 되었다. 막상 계단 앞에 서니 짚고 있던 목발은 활동지원사 선생께 맡기고 계단 옆 난간을 잡아당기며 그 반동으로 계단을 올랐다. 집안에서도 목발에 의지할 수밖에 없었지만 점점 통증이 완화되었다.

시력이 흐린데다가 다리도 불편한데 지원사 선생이 청소며 음식 준비를 도와주었다. 새삼 주변을 둘러보니 고마운 분들이 너무 많다. 병원에 있을 때 수시로 전화해 주고 찾아와 위로해 주는 동료 장애인들과 친구들, 복지관이나 도서관에서 이제 괜찮냐며 걱정해주는 회원님들 덕분에 살만한 인생이라는 생각이 든다. 이제는 흰지팡이 하나에 의지하여 외출도 가능하다.

이런 일을 겪어보니 늘 조심하고 또 조심해야 한다는 교훈을 새삼 절감했다. 그리고 혼자가 아니라 보이지 많은 이들과 연결되어 우리가 사는 것이구나, 하는 깨달음을 얻었다. 나는 오늘도 조심스럽게 일상을 지내면서 늘 평화로운 날이 되기를 바란다.

흰 수(數)팡이

박 민 성

　수학 교사는 나의 꿈이었다. 인생이 하고 싶은 대로 되면 얼마나 좋겠냐마는 그리 호락호락하지 않았다. 고3 때 망막색소변성증임을 알게 되었다. 점점 나빠지는 시력에 수험 준비는커녕 일상의 생활조차도 녹록지 않았다. 어느덧 대학을 졸업한 지도 12년이 흘렀다. 합격의 문은 좀처럼 열리지 않았다. 다시, 다시, 다시….

　2년 전, 면접까지 갔을 때는 정말 다 됐구나 싶었다. 또다시 불합격이었다. 문고리까지 잡았다 떨어져서였을까. 도전에 대한 한 줌의 불꽃마저 사그라들었다. 어디로 가야 하는 걸까. 무엇을 하기 위해 여기에 있는 걸까. 온갖 회의감이 들었다. 마치 아무런 발자취도 남지 않은 사막을 걷고 있는 것만 같았다. 단 하나, 흰지팡이가 시각장애인의 길벗이듯, 수학이 내 인생에서 그렇다는 확신이 들었다.

　수학을 가르칠 때, 아직 무언가를 할 수 있음을 느낀다. 수업하기 전, 처음 시작을 어떻게 할지, 내용 설명은 어떻게 할지 등 수업 전반을 머릿속에서 몇 번이나 연습해 본다. 수업 시작, 떨리는 마음으로 입을 뗀다.

준비한 대로 얘기가 흘러가면, 어느새 긴장감은 사라지고 그 시공간 속으로 자연스럽게 젖어 든다. 찰나의 시간이 흐르고 수업이 끝났을 때, 열정의 재와 함께 본래의 세계로 돌아온다. 수업을 마쳤다는 성취감과 더불어 부족했던 부분을 반성하며 다음 수업을 기약한다.

올해 대전 산성종합복지관에서 고입 검정고시반을 가르치게 됐다. 맡은 과목은 물론 수학이었다. 수업 전, 시각장애인에게 어떻게 하면 수학을 좀 더 잘 전달할 수 있을지 고민했다. 첫 만남, 서로 인사를 나누며 여느 수업과 마찬가지로 시작되는 듯했다. 언제나 그렇듯 현실은 예상치 못한 일들이 일어난다. 본격적으로 수업을 진행하려 할 때, 여든이 넘은 어르신이 한 말씀 던졌다.

"내가 이 시험에 합격해서 뭐에 써먹겠습니까? 수학, 이거 알면 뭐 할거고 또, 모르면 어떻습니까. 남은 인생 즐겁게 살아야 하지 않겠습니까." 순간 당황스러웠다. 따지고 보면 틀린 말씀은 아니다. 여든이 넘은 나이에 자기 만족감이라면 모를까 수학이며, 중졸 검정고시 합격증이 어디에 쓸모가 있겠는가. 삼십 대인 나도 영어 공부가 잘되기는커녕 너무 싫은데 이분들은 어떠할까.

좀 더 곰곰이 생각해보았다. 문득 이런 생각이 들었다. 정말 하기 싫으셨다면 애당초 여기에 안 오지 않았을 것이다. 궁리 끝에 조심스럽게 말씀드렸다.

"그냥 오늘 하루 뭔가를 하나 알아간다고 생각하시면 어떨까요?" 잠깐의 정적이 흐르고 어르신이 말씀하셨다.

"그럽시다." 그 후, 병원에 가시는 게 아니면 수업에 빠지지 않고 잘 참여하셨다. 상대방의 말을 경청하고 관점을 바꾸어 생각해보는 것이 중요하다는 것은 알고 있다. 다만, 그것을 실천하는 것은 다른 차원이다.

9월의 첫날, 어르신이 쾌활한 목소리로 인사를 건네며 말씀하셨다. "오늘 발표 났는데, 합격했어. 가르친다고 수고 많았고 고마워." 기뻐하시는 어르신의 목소리를 오랫동안 잊지 못할 것 같다.

수업은 꼼꼼히 신경 써서 준비한다고 해도 생각하지 못한 부분이 있을 수 있다. 이등변삼각형에 대해 복습한 후, 부채꼴을 설명할 차례였다. 이해를 돕기 위해 원판을 준비해 갔다. 먼저, 원판을 나눠주고

"자, 나눠드린 것을 천천히 만져보세요. 볼록 튀어나온 부분이 느껴지실 거예요. 그게 원의 중심이에요." 다음으로 부채꼴을 설명했다.

"원의 중심을 한 손가락으로 대주세요. 그리고 다른 손가락으로 중심에서 출발해 원의 경계까지 두 개의 선을 그어 피자 한 조각을 만들어보세요. 그 피자 조각처럼 생긴 걸 부채꼴이라고 해요."

이어서, 부채꼴의 중심각이 무엇인지를 설명했다.

"그런데 피자 조각이 좀 클 수도 있고, 작을 수도 있잖아요. 큰 피자는 우리가 손가락으로 그은 선이 많이 벌어져 있고, 작은 피자는 조금 벌어져 있을 거예요. 그 벌어진 정도를 부채꼴의 중심각이라고 해요." 분위기가 이상했다. 전달이 잘 안 되고 있음을 느꼈다. 잠시 고민을 하고 있는데, 한 어르신이 원판에 삼각형 모양의 종이를 올려놓으며 말씀하셨다.

"이거라는 거죠?" 나는 깜짝 놀랐다. 전율 같은 것이 느껴졌다. 원의 중심에 삼각형 꼭짓점이 닿게 놓음으로써 부채꼴을 만질 수 있게 되었다니,

얼른 다른 분들에게도 그렇게 하도록 했다. 그 후, 수업이 한결 수월했다. 어르신은 내가 미처 생각지 못한 부분을 채워주었다. 더불어, 이 수업을 계기로 수업 준비를 반성할 수 있는 시각을 하나 더 얻게 됐다. 가르침이 배우는 것임을 몸으로 느끼는 순간이었다.

수업을 시작하기 전이나, 어느 정도 진행됐을 때, 이런저런 이야기를 하며 분위기를 풀곤 한다. 수업 때는 수학을 가르치지만, 거꾸로 인생을 배운다. 어느 날이었다. 한 어르신이 운을 뗐다.

"이 일을 돈 받고 하는 건가요?"

"아뇨, 봉사활동이에요."

"어디서 안 써주나요?"

"임용고시에 합격하지 않는 이상 장애인을 써주는 곳은 없더라구요."

"나도 최근에 학교 지킴이를 하려 했는데, 장애인이라고 하니 해볼 기회조차 주지 않더군. 시켜보고 안 될 것 같으면 그때 그만두게 해도 될 텐데. 일단 장애인이라고 하면 그냥 도와줘야 할 존재라고 생각하지, 일을 맡기지는 않아."

"네……." 마음 저 깊은 곳에서 울컥함과 씁쓸함이 밀려왔다. 하지만 비장애인도 취직이 잘 안 돼서 힘들어하는데 괜히 투정을 부리고 있는 것은 아닌지.

얼마 전, 인기리에 종영된 '이상한 변호사 우영우'가 생각났다. 방영 당시에도 왠지 불편했다. 장애를 가지고 취업을 하려면 저 정도의 뛰어남은 있어야 하는 것만 같았다. 아무렇지 않게 남들이 통과하는 회전문을 지나가기 위해 몇 시간이고 그 앞에 서성이는 '우영우'가 나인 것만 같았다.

누구나 그렇지만 꾸준한 노력이 필요하다. 어떤 일을 하면 그에 따라 얻게 되는 경험이 있다. 젊어 고생은 사서도 한다는 속담이 괜히 있는 게 아니다. 그렇게 보면 지금, 이 봉사활동은 정말 소중한 시간일 것이다.

'실패는 성공의 어머니'라고 하지만, 오히려 축적한 경험이 성공의 어머니와 같지 않을까. 기회가 왔을 때 경험을 통해 자신이 성장해 나감은 물론이고, 결국은 가고 싶은 곳으로 인도한다고 생각한다. 나는 수학을 좋아 여기까지 이르렀다. 이 너머에는 무엇이 기다리고 있을까. 오늘도 조심스럽게 한 걸음 내디뎌 본다.

에필로그

어둠으로 빛을 쓰다

수필가 **김 태 열**

  암벽 등반가들이 암벽을 오른다. 암반에 앵커를 하나씩 박고 로프를 걸고 한걸음 또 한걸음 위로 전진한다. 정상을 쳐다볼 수 없다. 오직 지금 여기에만 집중하며 오르고 또 오른다.
  시각장애인들의 글쓰기는 '클라이밍(암벽 등반)'과 닮았다. 그녀들은 기억 속에서 떠오르는 단어에 의지해 한 글자 한 글자씩 마음에 새기며 생각을 이어 나간다. 그 생각의 한 묶음을 말로써, 점자로써, 희미한 시력에 의지해 글을 쓰면서 기어코 문장을 만든다. 내면에 일어나는 생각은 자기를 짓누르는 어둠의 편견으로부터 자유의 빛을 보려는 몸짓이자 나를 나답게 살려는 몸부림이다.

  시각장애인들과 '나도 작가다'라는 인연을 맺은 지가 어느덧 육 년이 되어간다. 삼 년이 되었을 때 그들의 아픔을 뚫고 나온 이야기가 『어둠도 빛이더라』라는 책으로 엮어졌다. 그리고 또 삼 년이 흘러 이번에『어둠도 빛이더라』의 두 번째 책이 나오게 되었다.

6년이라는 세월 동안 평범한 일상에서는 알 수 없었던 시각장애인들의 마음속에 고여있는 어둠을 조금씩 알아갔다. 이들을 보면서 정상인인 우리가 매일 읽고 쓰고 심지어 먹는 과정이 당연한 것이 아니라 기적과 같음을 느낄 때가 많았다.

글쓰기는 우리 시각장애인 작가들에게 굉장히 높은 진입장벽이다. 문장과 사유의 주춧돌을 세워주는 단어의 확보를 위해서는 독서가 필요한데 눈으로 읽을 수 없으니 주로 듣는 독서를 할 수밖에 없다. 읽어주는 독서를 통해 여러 종류의 글을 들려주고, 작가들 내면의 이야기를 들으면서 우리는 보이지 않는 글쓰기의 바다를 계속 항해했다.

'글은 써야 써집니다.' '글쓰기는 용기입니다.' '글쓰기는 나를 얽매고 있는 것으로부터 해방입니다.' 수시로 그녀들에게 글쓰기라는 행위가 어떤 가치가 있는지를 알려 동기부여를 하려고 했다.

그리고 나에게 반문했다. 과연 무엇을 가르칠 수 있는 것인가, 교학상장(教學相長)이라는 말이 있다. 가르치고 배우는 것이 상호작용할 때 서로 성장한다는 의미이다. 그 말은 우리에게 꼭 맞았다. 수업을 진행하면서 가르치는 것이 아니라 나 자신을 내려놓고 내가 배워가는 글쓰기의 과정이라는 생각이 들었다. 그녀들의 이야기를 들으면서 인생을 좀 더 배웠고 인간 내면의 깊이와 넓이의 다양성을 엿볼 수 있었다.

이 작가들과 인연의 의미를 생각해본다. 묻혀서 사라질 이야기들이 어떻든 나와의 인연으로 이어져 기록되는 작품으로 탄생하였다. 이번에 실린 시각장애인 작가들의 글들은 여전히 자기 내면의 아픔을 읊은 이야기가 많다. 그만큼 그녀들의 가슴에는 상처가 많이 있다는 증거일 테다. 그동안 누구에게도 말하지 못하고 마음속에 쟁여놓았던 개인적인 아픔이 아니겠는가.

작가들은 글을 쓰면서 서서히 어둠의 동굴로부터 빠져나왔고 아픔만 말하기보다는 희망을, 감사함을 담아서 위로하는 글로 나아갔다. 그리고 간혹 유머와 재치로 웃음을 선사하기도 했다.

여기에 글이 실린 시각장애인들의 감정과 사유의 스펙트럼은 상당히 다채롭다. 연령대는 서른부터 아흔에 이르기까지 폭넓지만, 그 중심에는 예순과 일흔의 세대가 있다. 가장 연장자는 아흔을 넘긴 분이다. 그분은 마지막 안식처를 글쓰기에서 구한다. 몸은 힘들지만 매주 수업에 나오고 희미한 시력을 붙잡고 컴퓨터로 글 쓰는 것을 보면 대단하다는 말 외에 달리 적절한 말이 떠오르지 않는다.

쓴다는 것은 무엇인가. 기억을 더듬고 단어를 떠올려 지금이라는 화면에 나의 감정과 생각을 떠우는 행위다. 나는 전맹과 약시인 작가들의 기억을 엿보는 행운을 가졌다. 그리고 그분들 인생의 흔적을 모으고 조금 다듬어 다른 사람에게도 그것을 보여줄 수 있게 되었다.

여기 시각장애인인 작가들의 글은 감정을 솔직히 드러낸 글들이 많다. 그러기에 진솔하다. 밤하늘에는 반짝반짝 빛나는 별만 있는 게 아니다. 무수히 많은 별이 있다. 너무나 작아서 없다고 여겨질지 몰라도 여전히 어딘가에서 자기만의 찬란한 빛을 내고 있기에 밤하늘은 아름다운 것이다. 이 작가들의 글이 어두움을 밝히는 한 줄기 빛처럼 조용히 많은 사람의 가슴에 가닿기를 바란다.

시각장애인들의 나를 치유하는 글쓰기
어둠도 빛이더라 또 다른 이야기

2025년 11월 20일 초판 1쇄 펴냄

지은이 _ 정미 홍순복 최유순 길옥순 김재심 조남수 구복희 임채진 장은혜 양경화 박민성
펴낸이 _ 이영옥
편집인 _ 송은주
펴낸곳 _ 도서출판 이든북

신고번호 _ 제2001-000003호
주 소 _ (34625) 대전광역시 동구 중앙로193번길 73
대표전화 _ 042-222-2536
팩시밀리 _ 042-222-2530
휴대전화 _ 010-6502-4586
전자우편 _ eden-book@daum.net
공 급 처 _ 한국출판협동조합
주문전화 _ (02)716-5616
팩시밀리 _ (031)944-8234~6

ⓒ정미 10인, 2025
ISBN 979-11-6701-377-4
값 15,000원

* 지은이와 협의하여 인지는 생략합니다.
* 이 책 내용과 사진 전부 또는 일부를 재사용하려면 반드시 지은이와
  이든북 양측의 동의를 받아야 합니다.
* 무단 전재 및 복사 배포를 금합니다.

* 이 책은 2025년도 대전광역시에서
  장애인 평생교육 사업비를 지원받아 발간하였습니다.